U0665187

🔺 潞河中学毕业时的黄昆

🔺 1941 年在燕京大学本科毕业时的黄昆先生

🔺 1950 年代，黄昆（前排左二）在英国利物浦大学做博士后时与
同事们合影（前排右一为李爱扶）

▲ 1950 年代，黄昆在
北京大学物理系的办公室

▲ 1956 年北大半导体组毕业留影

▲ 1951 年在利物浦大学
作博士后的黄昆

1959 年 11 月 9 日全国群英大会教育方面代表黄昆参观
京棉一厂职工业余学校

🔺 1959 年，黄昆与夫人李爱扶登长城

🔺 1968 年 7 月 27 日，黄昆与工人在一起进行科学研究

🔺 1970 年代，黄昆在北京大学物理大楼前的留影

🔺 1974 年在颐和园，左起：黄昆，邓稼先，黄宛，周光召，杨振宁

▲ 1976 年 8 月，黄昆与北大学生一起编教材

▲ 1978 年 4 月 10 日，黄昆在全国科学大会开幕式上

▲ 1978 年 4 月 11 日，黄昆参加全国科学大会，与王守武、林兰英进行讨论

▲ 1978 年黄昆访问英国时的留影

◄ 1978 年中科院代表团访问英国，黄昆为副团长

▲ 1978 年中科院代表团访问英国，黄昆为副团长

▲ 1980 年代初，黄昆在办公室里指导他的
　博士生王炳燊

▲ 1980 年代初，黄昆在美国纽约州立大学
　Albany 分校参观实验室

⊙ 1982 年黄昆在半导体所老所大门口

⊙ 1982 年 9 月在法国 Montpellier
召开的第 16 届国际半导体物理
会议晚宴上，右边第一人是大会主席
M. Balkanski 教授

⊙ 1983 年 2 月，黄昆教授与杨振宁教授
在北京长安街合影

⊙ 1982 年 10 月 10 日，中日国交正常化十周年纪念，黄昆教授（左二）在日本京都岚山与代表团成员合影

⊙ 1984 年，黄昆在美国圣迭戈参加国际缺陷会议时与夫人李爱扶

⊙ 1984 年 8 月，黄昆作为该年度斯诺教授去美国密苏里大学堪萨斯分校访问。他在给美国研究生讲授"固体理论专题"课

▲ 1986 年，黄昆、林兰英（右一）和视察半导体所的两位中国科学院前任院长方毅（左二）和卢嘉锡（左一）交谈

▲ 1986 年 2 月，德国马克斯普朗克协会固体物理研究所举办庆祝弗洛利希八十寿辰国际学术会议，黄昆与弗洛利希合影

◀ 1986 年 2 月，德国马克斯普朗克协会固体物理研究所举办庆祝弗洛利希八十寿辰国际学术会议，黄昆在会上作学术报告

▲ 1986 年 10 月，在北京大学举行纪念我国半导体专业创办 30 周年的学术报告会，这是中国半导体物理的两位先驱者——黄昆（左二）与谢希德（右二）

◉ 1987 年，光州全国半导体学术会议与半导体教研室教师合影

◉ 1987 年，黄昆在北京中科院半导体所作学术报告

◉ 1989 年，在北京大学勺园庆贺黄昆七十寿辰晚宴上

◉ 1984 年，旧金山世界半导体会议期间参观葡萄园留影，左起：虞丽生，黄昆，任尚元

◀ 1989 年，黄昆 70 寿辰晚宴。左起：朱邦芬，秦国刚，郑厚植，甘子钊，李爱扶，黄昆，韩汝琦，钟战天

▲ 1989 年，祝贺黄昆 70 寿辰学术报告会全体代表合影

▲ 1989 年秋天，黄昆泛舟在昆明湖上

▲ 1991 年，吴大猷（右），黄昆（中），杨振宁（左）在美国密歇根大学授予吴大猷先生荣誉科学博士学位的研讨会上

🔺 1992 年 4 月 25 日，中科院第 6 次学部委员会大会选举学部主席团，黄昆（左四）为学部主席团成员

🔺 1992 年 6 月 1 日，北京大学在勺园餐厅举行周培源先生九十大寿庆祝晚宴。晚宴前，当年西南联大时期的三剑客：杨振宁（右），张守廉（中）和黄昆（左）三位老友重逢一起，留下了一张珍贵的合影

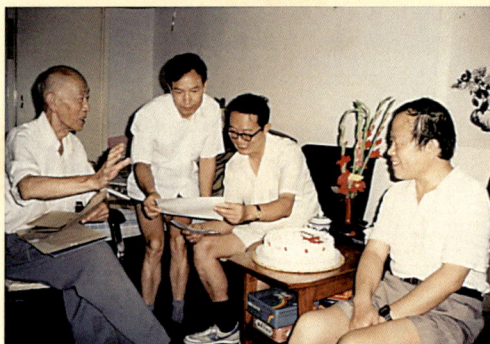

🔺 1994 年 9 月 2 日是黄昆 75 岁寿辰，黄昆一些学生在他家中祝贺他生日快乐。左起：黄昆，顾宗权，夏建白，朱邦芬

🔺 1994 年，黄昆与朱光亚在一起

🔺 1995 年底，黄昆向半导体所的研究生谈自己的做人之道与治学之道

🔺 1995 年在国家重点实验室评估会

◀ 1996 年，黄昆全家在英国伦敦黄志谦家中合影。前排左起：黄昆，李爱扶，黄志谦夫人；后排左起：黄志勤夫人，黄志谦，黄志勤；中间，黄昆的孙女，孙子

▲ 1996 年黄昆在陈嘉庚物理奖颁奖仪式上

▲ 1998 年 6 月 29 日，黄昆获何梁何利基金 1995 年度科学与成就奖

▲ 1999 年 11 月 17 日，黄昆与李爱扶在北京郊区合影

⬥ 2000 年 7 月 31 日，李爱扶，黄昆，李政道，杨振宁（左起）出席在香港召开的
第三届全球华人物理学大会

⬥ 2000 年 7 月 31 日，黄昆在香港参加
第三届全球华人物理学大会

⬥ 2000 年 7 月 31 日在香港召开的第三届全
球华人物理学大会，举行了纪念吴大猷的特
别会议。杨振宁（前排左二）主持特别会议，
黄昆（前排右二），李政道（前排左一），和
沈君山（前排右一）分别作了回忆吴先生的报告

◀ 2000 年 8 月，第 17 届国际拉曼光谱学大
会在北京召开。黄昆作为国际科学顾问委员会
主席，与部分科学家合影。前排左二起依次是
M. Cardona, M. S. Dresselhaus, 黄昆，李爱扶，
W. Kiefer

🔺 2001 年，黄昆在北京被授予香港科技大学荣誉博士

🔺 2001 年，杨振宁与黄昆夫妇合照

🔺 2002 年，黄昆与李爱扶风雨同舟一起度过了 50 年

🔺 2002 年黄昆与郑厚植（左一）和夏建白（右一）讨论工作

▲ 黄昆与甘子钊在交谈

▲ 2002 年，黄昆在实验室与郑厚植研究工作

▲ 2002 年黄昆实验室接受新华社采访

▶ 2004 年 9 月，黄昆 85 岁寿辰，王守武（前排左一）、郑厚植（后排中）、夏建白（后排左一）、朱邦芬（后排右一）看望黄先生

一代宗师 厚德流光

——纪念黄昆先生百年诞辰

纪念黄昆先生百年诞辰筹备委员会 编

科学出版社

北京

内 容 简 介

本书是纪念我国著名物理学家、固体物理学和半导体物理学的奠基人黄昆先生百年诞辰的文集，收录了黄昆先生的同事、学生以及后辈撰写的一系列纪念文章。这些文章从不同侧面表现了黄昆先生不懈进取的奋斗精神和开拓创新的科学品质，反映了黄昆先生令人瞩目的学术成就和求真务实的治学态度，展示了黄昆先生热爱祖国的赤子情怀和关爱他人的长者风范，以及他俭朴纯真、丰富多彩的生活风貌。

黄昆先生是广大科技工作者的典范，他的高风亮节将德厚流光，嘉惠后学！本书的出版，对弘扬黄昆先生热爱祖国、献身科学的精神起到重要作用，广大科技工作者尤其是青年一代可以从中受到教育和启迪。

图书在版编目 (CIP) 数据

一代宗师　厚德流光：纪念黄昆先生百年诞辰 / 纪念黄昆先生百年诞辰筹备委员会编 . —北京：科学出版社，2019.10

ISBN 978-7-03-062687-5

Ⅰ.①—⋯　Ⅱ.①纪⋯　Ⅲ.①黄昆（1919–2005）—纪念文集　Ⅳ.① K826.11–53

中国版本图书馆 CIP 数据核字（2019）第 233732 号

责任编辑：钱　俊 / 责任校对：彭珍珍
责任印制：吴兆东 / 封面设计：无极书装

科 学 出 版 社 出版
北京东黄城根北街 16 号
邮政编码：100717
http://www.sciencep.com

北京虎彩文化传播有限公司 印刷
科学出版社发行　各地新华书店经销
*
2019 年 10 月第　一　版　　开本：720×1000　B5
2020 年 1 月第二次印刷　　印张：12 1/2　彩插：8
字数：125 000

定价：**128.00 元**
（如有印装质量问题，我社负责调换）

序　言

　　黄昆先生（1919—2005）是国际著名的物理学家，是中国固体物理学和半导体物理学的奠基人之一。值此黄昆先生诞辰100周年之际，为了纪念黄昆先生，中国科学院半导体研究所、北京大学、中国物理学会和九三学社联合举办"纪念黄昆先生诞辰100周年暨半导体学科发展研讨会"，纪念他对科学与教育事业的贡献，缅怀他的高尚品格和道德情操，学习他严谨求实的治学态度和实事求是的精神，并研讨当前半导体科技的新进展。本次会议的筹备委员会包括郑厚植院士（主任）、秦国刚院士、甘子钊院士、朱邦芬院士、夏建白院士、李树深院士、王开友研究员（秘书），组织委员会由杨富华、王开友、戴伦、谷冬梅、祝素娜、郭纯英组成。筹备委员会邀请黄昆先生的一些学生、曾经共事过的同事及后辈撰写了纪念文章。

　　黄昆先生1919年9月2日出生于北京，1941年本科毕业于燕京大学物理系，1944年西南联大研究生毕业，1945年作为"庚子赔款"留英公费生，成为了布列斯托大学（University of Bristol）莫特教授（N. F. Mott）的第一个中国研究生，并于1948年获得博士学位，随后历任英国爱丁堡大学（University of Edinburgh）玻恩教授（M.Born）的访问学者和利物浦大学（University of Liverpool）理论物理系ICI博士后研究员。1951年底，黄昆先生心怀振兴中华、报效祖国的殷切心情，放弃了在个人科学生涯中获取重大成就的机遇和国外优越的生活条件，满腔热诚地回到自己深爱的祖国。回国后在北京大学任物理系教授、固体物理教研室主任、物理系副主任以及五校联合举办的半导体专门化教研室主任。曾任中国科学院半导体研究所所长、名誉所长，以及中国物理学会理事长等职务。黄昆先生1955年当选为中国科学院第一届物理学部委员，曾先后荣获1995年度何梁何利基金科学与技术成就奖和2001年度国家最高科学技术奖。

黄昆先生是我国半导体科技界的一代宗师。在国外期间，年轻的黄昆提出了关于杂质和缺陷X光的散射理论模型，以及著名的"黄方程"和"声子极化激元"概念，并与后来成为他妻子的里斯（A. Rhys，中文名李爱扶）共同提出了"黄-里斯理论"。他受到爱丁堡大学玻恩教授的赏识，被邀合著《晶格动力学理论》一书。该专著至今仍是固体物理学领域的权威著作。黄昆是晶格动力学的奠基人、声子物理学科开拓者，他首次提出了多声子光跃迁和多声子无辐射跃迁理论。

1956年，黄昆先生参与制定我国12年科学技术发展规划，为重点发展我国半导体事业提出了具体规划和紧急举措。1977年，由邓小平同志特批，黄昆先生从北京大学调到中国科学院半导体研究所任所长，开始了科研的第二段征途。当时正值国际上掀起半导体超晶格研究热潮，黄昆先生高瞻远瞩，很快确立了半导体研究事业的战略方向，引领我国开展半导体超晶格这一低维半导体领域的研究。他耕耘在科研第一线，与合作者一起对半导体超晶格的电子态和声子模开展了系统而富有成效的研究。他与朱邦芬合作提出的超晶格光学声子模型及准二维系统光学声子模的解析表达式（"黄-朱模型"）被国际物理学界广泛接受。在他的领导下，中国科学院半导体研究所建立了"半导体超晶格国家重点实验室"（1988年筹建，1990年正式对外开放），郑厚植院士任实验室主任，成为当时国际前沿的实验室之一。黄昆先生不仅为半导体所带来了重视基础理论研究的新风尚，而且也培养和建立了理论与实验结合、学术气氛活跃的半导体物理研究群体。在担任中国物理学会理事长期间（1987—1991），他积极推动中国物理学会及其分支机构的国际学术交流活动，并努力推进学会期刊国际化发展。

黄昆先生为我国半导体科学技术事业培养了一批又一批的栋梁之材，浇铸了一根又一根的擎天支柱。1951年底，黄昆先生就任北京大学物理系教授，他认为：在中国培养一支科技队伍的重要性，远远超过个人在学术上的成就。他全身心地投入到教学工作和行政领导工作中，对高等院校普通物理、固体物理和半导体物理的教学做出了十分重要的贡献，并著有《固体物理学》以及与谢希德教授合著的《半导体物理学》，这两部著作一直是我国相关专业学生和科研人员的必读书。1956年，根据中央精神和教育部的决定，将五校即北京大学、复旦大学、厦门大学、东北人民大学（吉林大学前身）和南京大学的半导体专业老师、高年级学生和实验室装备全部集中到北京大学，创办了第一个半导体专业，黄昆先生任半导体教研室主任，谢希德先生为副主任。这批学生毕业后，大都成为我国半导体和集成电路的学术带头人和骨干——学界把这一由中央决策、五校在北京大学联合举办的半导体专业称之为"半导体的黄埔军校"。

黄昆先生总是将国家的利益看得远高于个人的利益，严于律己，时刻牢记自己是社会的公仆，淡泊明志、宁静致远，其高尚品德，永远师表天下。在纪念黄昆先生诞辰100周年之际，正值中华民族伟大复兴的关键时刻，中国的经济发展从来没有像现在这样迫切地感受到半导体科技的重要性——中兴事件和华为事件时刻提醒着我们，在半导体科技以及产业领域，我国与国际上的先进国家相比还很落后。在深切缅怀黄昆先生的同时，我们广大科技人员应该发挥黄昆精神，共同努力，做出更多更高质量的创新性工作，为我国半导体科技的发展做出更大贡献。

另外，本文集的出版得到了华为技术有限公司和深圳市芯茂微电子有限公司的资助，在此也一并表示感谢！

会议筹备委员会

2019 年 8 月

目　　录

学界泰斗 修德笃行 ①

郑厚植

　　黄昆先生离开我们已经 14 年了！ 2019 年是先生诞辰 100 周年。先生作为中国半导体科技界的一代宗师，立德立言，赤心报国，以身作则，行为典范，使我们这一代学生辈的科技人员受益匪浅。

　　从严格意义上讲，我并不是黄先生的学生。清华和北大虽然相隔很近，但就读清华大学的我仍无缘在大学期间直接聆听先生的讲课。1965 年我从清华毕业来到中国科学院半导体研究所。记得 1977 年的一天，王守武先生邀请并亲自主持了黄昆先生的学术报告会。这是"文化大革命"以来聆听科学大师作学术报告的十分难得的机会。我和同事们早早来到了会场，等待先生的到来。令大家没有想到的是，像黄昆先生这样国际著名的科学大师穿着洗得已经褪色的蓝色中山装，提着一个破旧

① 本文转载自《物理》2019 年第 8 期，略有改动。

的布包走上了讲台。这个场景深深铭刻在我的脑海之中。先生只用一句朴实的话：我今天要讲的内容只是我业余研究的结果……就开始了精彩的报告。当时的我是一名青年科技人员，又被迫荒废了十年光阴，虽然还很难真正从学术上理解先生的报告。但是，先生对物理世界深邃而清晰的认识深深地打动了我。这不仅重新激发了我从小对科学探索的向往，而且在此后几十年的岁月中，黄先生的风范一直潜移默化地引导着我的科学生涯。

🔺 黄昆先生（中）与郑厚植（左）、夏建白（右）讨论问题

没想到的是，经邓小平同志特批，1977年10月黄昆先生从北京大学调到中国科学院半导体研究所任所长。经历十年浩劫，中国的科技事业无论从科技积累还是从人才队伍方面都处在百废待兴的局面。这不仅是远远落后世界先进水平的问题，更可悲的是我们都不知道别人在做什么，重大科技前沿在什么地方。如何按照小平同志的拨乱反正指示迅速恢复我国的半导体

科学技术事业是摆在先生面前的难题。黄昆先生以一位科学大师的理性和直觉指明了复兴之路。他认为"半导体之所以能够成为当代如此重要的技术，正是由于早在几十年前，国际上一些远见卓识的企业家、科学家重视开展深入的物理研究的直接结果。"为此，他精心规划，在半导体研究所重组了专门从事半导体物理研究的物理部。他又亲自编写讲义，开课讲授半导体物理学。这对荒废了十年之久的科技人员来说真是"久旱逢甘露"。偌大的课堂挤满了坐在小马扎上听课的科技人员。对于以往没有机会听黄昆先生课的人来说，现场聆听大师严谨的推理真是千载难逢的机会。课后经过认真推演，领会物理内涵，大家很快补上了重要的一课。至今我依然珍藏着黄昆先生编写的、已经发黄的、油印的厚厚讲义。历史证明黄先生当年的举措是非常有效的。

　　黄昆先生以大师的远见卓识深知培养优秀青年科研人才的重要性和迫切性。他冷静面对十年完全停顿的科研工作现状，和王守武、林兰英副所长一起，通过各种方式考察和选拔人才。1979 年 2 月我有幸被研究所推荐作为 1949 年后第一批德国洪堡基金会奖学金的获得者，前往德国留学。记得 1978 年年底的一天晚上，我去找正在北京友谊宾馆开会的黄昆先生，请他写推荐信。在微微昏暗的灯光下我怀着忐忑不安的心情等待着。黄先生说这是他回国以后第一次向国外推荐人选。简单的几句话传递了他作为大师对青年科技人员迅速成才的殷切期望。德国城市风景如画，我没有心思去欣赏这一切，使命感驱使着我们白天黑夜地工作在实验室，如饥似渴地学习先进的科学知识。我们要证明中国人有着一样的聪明才干，要让祖国和老一辈科学家放心——我们能够无愧于他们的期盼。1979年夏天以后，黄先生又根据国内科研布局的需要，要我转到慕尼黑工业大学去进行二维电子气物理的研究。我走进了一个全新的国际前沿领域，对于一个没有受过正规理科训练的人而言，无疑又是一场严峻的挑战。但是，一想起先生的教诲，我便义无反顾。期间，我有幸和1985年因量子霍尔效应荣获诺贝尔物理学奖的冯·克利钦教授共事一年，受益匪浅。1981年我回国后，黄昆先生为了在国内建立二维电子气物理的研究基地，大力支持我从中国科学院争取到相应的经费，建立了最简陋的实验条件。1983年10月他又通过中美原子、分子和凝聚态物理合作研究备忘录计划，再次派我到美国普林斯顿大学电子工程系跟随崔琦教授（1989年诺贝尔物理学奖得主）从事整数、分数量子霍尔效应方面的研究。黄昆先生的安排充分体现了先生在培养青年科技人才方面的良苦用心。先生一生竭诚为国家半导体科技事业培养栋梁之才倾注的热情、耗费的心血，将永远铭记在我们这一代的科技工作者心中。

自1970年江崎和朱兆祥提出超晶格的概念以来，以量子阱、超晶格为典型代表的低维半导体结构的量子物理研究，一直代表着当代半导体科学技术发展的主流方向。1986年黄先生希望我回国在半导体所着手组建半导体超晶格国家重点实验室。尽管当时我在崔琦教授那儿关于分裂栅调控的低维量子结构的工作刚刚取得重要突破，但我立即遵循先生的意见回到祖国。经过不到3年的准备，当时的国家计委很快批准了由中国科学院半导体研究所正式筹建半导体超晶格国家重点实验室。1988
年 3 月通过了国家计委组织的评审论证；1991 年 11 月按期完成
了实验室的筹建工作，并通过了国家计委的验收。该实验室成
立后，1988 年至 1999 年期间我任实验室主任，在黄昆先生的
指导下，取得了很好的成绩。1991 年底和 1995 年 9 月先后两
次在国家计委组织的全国国家重点实验室的评估中被评为"A
类实验室"。不仅如此，在"八五""九五"和"十一五"期间
实验室一直主持国家攀登计划、国家重点基础研究计划（973）
项目，为推动国内低维半导体结构的量子物理和量子器件探索
研究作出了贡献。在和黄先生一起工作期间，使我从另一视角
感受到了先生的博大胸怀。他从不计较本单位所获经费的多少，
而是放眼于全国的整体进展、科研水平和研究队伍的成长。我
们学习和传承先生的这种精神和胸怀有着深远的意义。再就是
先生总是提醒我，不要老想去告诉别人应该做什么，一个学术
带头人最重要的责任是吸纳和选拔优秀科技人才。有了真正优
秀的人才，他们自己会知道去做什么样的前沿研究。

　　1994 年暑期后的某一天，我突然接到科学院主管人事的胡
启衡副院长的通知，要我去她办公室。让我没有想到的是我刚
进她办公室她就说：今天找你来就是要你接任下一届半导体研
究所的所长职务！回到所里后，我向黄先生作了汇报，服从组
织安排去面对新的挑战。

　　从 1994 年底我接任半导体所所长后，我都努力按黄先生的
精神去实践。在 20 世纪 90 年代末和本世纪初我国科技队伍主
要是靠自然规律完成了一次代际更替，但并非是按自觉的理念

和制度上的保障得以实现的。如果不能把黄先生的精神学到手，僵化的研究队伍格局又会重新形成。为此，我顶住压力为优秀的青年优秀人才提供科研经费、住房条件等，创造条件激励他们脱颖而出。

　　黄昆先生作为一代宗师还从另一方面显示出他高尚的人格。先生晚年因久病在身，已不能再像过去那样亲临第一线做科研工作，对此他曾经很痛苦。当先生认识到自己的身体状况后，谢绝了各种科技活动的邀请。我曾力劝黄先生不必这样。后来，先生对我说：现代科学发展日新月异，自己已经跟不上，不懂了。人家请了你去，你不发言不好，发了言岂不是误导别人。这番话不仅让我深受感动，更主要是令人深思。

🔺 黄昆先生在课堂

　　最后，我想用2003年12月8日我在香港举办的"第14届全国半导体物理学术会议暨半导体物理学术讨论会"开幕式上的讲话，表达我们晚辈对先生的崇敬：

黄昆院士是我国半导体科技界德高望重的科学老前辈。早在半个世纪以前，他怀着振兴中华、报效祖国的殷切心情，放弃了个人科学生涯中获取重大成就的机遇和海外优越的工作条件，毅然回到刚诞生的新中国，在满目疮痍、极端困难环境下，满腔热情投身于向科学进军的伟大事业之中，披荆斩棘、辛勤开拓、奋斗不息，为创建和发展新中国的半导体科学技术事业立下了丰功伟绩。

黄昆院士是我国半导体科技界的一代宗师。他为这一科学事业辛勤培养了一批又一批的栋梁之才，为它浇铸了一根又一根的擎天支柱。他深邃的思想、渊博的知识、不倦的探索、创新的思维和严谨的学风将永远师表天下。

黄昆院士半个世纪以来对祖国的无私奉献、对真理的执着追求和对人生的严谨求索，谱写了一曲高昂的爱国奉献的主旋律。它表达着先辈们拳拳报国的赤子之心，抒发着爱我中华的肺腑之情，激荡着淡泊明志、宁静致远的高尚情操。他的高风亮节将德厚流光，嘉惠后学！

多声子参与的光跃迁和非辐射跃迁

——黄昆先生很喜爱的一个研究领域 [①]

甘子钊

2019 年是黄昆先生百岁诞辰，也是他逝世 15 周年。在纪念黄先生的时候，我们不由得想起黄先生的夫人李爱扶（Avril Rhys），今年是李先生的 93 岁诞辰和逝世 6 周年。李爱扶先生是英国人，英国布里斯托大学物理系本科毕业生，黄先生就是在 1945—1948 年间，在布里斯托大学物理系师从 N.F. Mott 教授取得博士学位的。黄先生 1948—1951 年在英国利物浦大学理论物理系做博士后，李先生当时也在那里做 H. Frohlich 教授的办公室助理。她在那里协助黄先生完成了《F 中心的光吸收与无辐射跃迁》的科学论文。1951 年底，黄先生经香港回国到北京大学物理系任教，1952 年 4 月，李先生从英国来到中国，并与黄先生结婚。经过一段语言学习后，李先生也到北京大学物理系工作。从

---

① 本文转载自《物理》2019 年第 8 期，题目略有改动。

1952 年开始，直到 2013 年李先生逝世，60 年间，她和黄先生风雨相随，患难与共，朴实无华，和我们大家一起，在中国度过了虽然总的来说是幸福的，但也真的是很艰难、很坎坷的一生。

李爱扶先生到北大物理系工作，黄先生坚持认为她只是个本科生，没有科学研究训练，只同意让她做实验室技术人员。要知道 20 世纪 50 年代的中国，大学毕业就是很高的学衔了，何况是世界知名大学，还在世界知名教授身边工作过。李先生的履历当个讲师、副教授都是合情合理的。我们在背后都抱怨黄先生太"左"，可是李先生却非常情愿，从 1958 年直到 1986 年退休以前，她都在做实验员（后来是实验师）的具体工作，有一段还帮助辅导工农兵学员的电子电路教学。近 30 年间，李先生在系里做的大多是一些很费力、很琐碎、很辛苦的实验室技术及服务工作。可是，我们这些接触过她的人都知道，她真的是系里最最认真负责、最最任劳任怨、最最平等待人、最最愿意助人的老大姐。大家都说：这真是个好人啊！

在纪念黄先生和李先生时，我想和读者一起来重新学习一下他俩 1950 年共同完成的这篇科学论文[1]。这是一篇很有影响的科学论文，文中提出研究凝聚态光谱学时的一个量，后人用两位作者的名字命名为"Huang-Rhys factor"，即"黄－里斯因子"。我曾在图书馆做了一个主题检索，得到的结果是，2018 年出版的 SCI 论文含有"Huang-Rhys factor"的有 33 篇，2017 年 29 篇。可见这篇文章所涉及的问题现在还很热门。黄先生很喜爱这个课题，1977 年他奉调到中国科学院半导体研究所后，又写了十余篇文章来发展和评论该问题的研究（见"黄昆主要论著目录"[2]）。他和李先生合写的这篇论文，确实是提出了一个在基础物理上很重要而在实际应用上也很重要的问题。

🔺 黄昆和英裔夫人李爱扶游览北京长城（摄于 1959 年）

1　F 中心的光吸收和光发射，晶格弛豫和多声子跃迁

F 中心是卤碱化合物晶体的一类缺陷。把卤碱晶体（例如 NaCl，KCl 等）放在碱金属蒸汽中加热，然后骤冷到室温，原来透明的晶体会出现颜色，例如 NaCl 变淡黄，KCl 变淡紫等。1937 年 Pohl 提出这是产生了富碱的卤碱晶体，卤素子晶格出现空位（负离子空位），它俘获了一个电子；也可以看作是在理想的卤碱晶体上，在这个负离子空位上放了一个正电子电荷，它在原来负离子的范围内抵消了负离子，在其周围抓住一个电子，形成一个"类氢原子"。他把这种负离子空位叫做电子型 F 中心（如果把卤碱晶体放在卤素蒸汽中加热，然后骤冷到室温，就会

得到正离子空位，叫做空穴型 F 中心）。这个"类氢原子"有不同的电子态。电子态之间的跃迁就是晶体的吸收和发射光谱，当年黄先生在李先生协助下，在利物浦大学研究的就是电子型 F 中心的光谱问题。黄先生说（见《生平自述》一文[2]），"……促使我提出理论的是当时已广为人知的实验事实，即对应于 F 中心电子态之间跃迁的吸收光谱有很大的谱宽，我在几年前一次学术讨论会上听到科学家议论这个宽度相当于几十个声子的能量，所以理论计算曾做到几十阶的微扰，是一个理论上的难题。这给我留下一个值得思索的问题，直到几年之后，1950 年我突然想到解决这个问题的线索，即按照绝热近似理论，F 中心电子辐射跃迁（光吸收和发射）前后，晶格原子的平衡位置应有所不同。这就是说，电子跃迁前后，晶格声子振动模的原点是有所不同的，从而破坏了它们之间不同声子数的振动波函数的正交性。由于这个缘故，与电子跃迁的同时，可以有任意数目声子的变化。基于此认识的基础上，我系统导出了包含多个光学声子吸收和发射的 F 中心的光跃迁理论。"

可以想象 F 中心的电子状态是下面本征方程的解：

$$H_e\psi_{F,j} = E_j\psi_{F,j}, \quad H_e = \frac{1}{2m_e}p_e^2 + V_c + V_F, \quad (1)$$

其中，V_c 是理想卤碱晶体的周期场，V_F 是放在负离子空位上抵消原来负离子的正电荷的场。对周围的晶格离子来说，F 中心可以看作一团"电子云"，中心是一个正电荷，电子云密度是 $\rho_{e,j} = |\psi_{F,j}|^2$，它产生一个电场。在电场作用下，晶格正离子会被推向外，负离子会被拉向内，也就是说这个区域出现晶格的极化（晶格中正负离子的相对位移）。极化的能量可以近似地写作

$$H_{FL} = -\sum_l \vec{E_l} \cdot \vec{P_l} , \tag{2}$$

其中 $\vec{E_l}$ 是 l 元胞中的电场，$\vec{P_l}$ 是晶格在 l 元胞的极化矢量。当然这里是在略去在小于元胞尺度上电场的变化的意义下近似写出来的。

这时，黄昆先生正在与 M. Born 合写《晶格动力学理论》[3]。按照他们在这部名著中发展的、现在已经成为晶格动力学的标准做法，晶格极化可以近似地用长格波来描述。卤碱晶体的元胞有两个离子，有一支纵波和两支横波。对极化贡献的是纵光学波。极化矢量正比于纵波的振幅矢量，F 中心电子云产生的电场近似是库仑场，当然也可以用纵波来展开。所以，把对坐标空间求和的（2）式转换到对波矢空间的求和就得到

$$H_{FL} = -\frac{1}{\sqrt{N}} \sum_k \Delta_{-k,3} q_{k,3} . \tag{3}$$

这里，k 是格波的波矢，3 是纵光学波的标志；在 Born-von Karman 边界条件意义下，$l = (l_1, l_2, l_3)$ 是晶格的元胞标号，假定 $l=0$ 是 F 中心的位置。$k = 2\pi\left(\frac{m_1}{N_1}, \frac{m_2}{N_2}, \frac{m_3}{N_3}\right)$ 是波矢的标号；$N=N_1 N_2 N_3$ 是总元胞数。

现在我们讨论其中的一个（$k,3$）波，它的哈密顿量是

$$H_{k,3} = \frac{1}{2}\left(P_{k3}^2 + \omega_{k,3}^2 q_{k,3}^2\right) - \frac{1}{\sqrt{N}}\Delta_{-k,3} q_{k,3} , \tag{4}$$

$\omega_{k,3}$ 是波的频率。引入 $\xi_{k,3} = \frac{1}{\sqrt{N}}\frac{\Delta_{-k,3}}{\omega_{k,3}^2}$ ，式（4）可改写为

$$H_{k,3} = \frac{1}{2}\left(P_{k,3}^2 + \omega_{k,3}^2\left(q_{k,3} - \xi_{k,3}\right)^2\right) - \frac{1}{2}\left(\omega_{k,3}\xi_{k,3}\right)^2 , \tag{5}$$

这是受到外场驱动的频率为 $\omega_{k,3}$ 的简谐振子的哈密顿量。外场

驱动使振子形变为围绕 $\xi_{k,3}$ 振动的振子。谐振子问题的解是熟知的：

$$\frac{1}{2}\left(p^2+\omega^2 q^2\right)\phi_n\left(q\right)=\hbar\omega\left(n+\frac{1}{2}\right)\phi_n\left(q\right).$$

所以如果引入位移算符 $T\left(\xi\right)$ ，它的含义是把函数的原点移动 ξ ，即 $T\left(\xi\right)f\left(q\right)=f\left(q-\xi\right)$ ，（5）式的本征解就是 $T\left(\xi\right)\phi_n\left(q\right)$ ，本征值是 $\hbar\omega_{k,3}\left(n+\frac{1}{2}\right)-\frac{1}{2}\left(\omega_{k,3}\xi_{k,3}\right)^2$ 。

为方便起见，引入振动量子的消灭和产生算符

$$a_{k,3}=\sqrt{\frac{\varpi_{k,3}}{2\hbar}}q_{k,3}+i\sqrt{\frac{1}{2\hbar\omega_{k,3}}}p_{k,3}\ ,\quad a_{k,3}^+=\sqrt{\frac{\varpi_{k,3}}{2\hbar}}q_{k,3}-i\sqrt{\frac{1}{2\hbar\omega_{k,3}}}p_{k,3}\ ,$$

以及参量 $\eta_{k,3}=\sqrt{\dfrac{\omega_{k,3}}{2\hbar}}\xi_{k,3}$ ， $H_{k,3}$ 可以写作

$$H_{k,3}=\hbar\omega_{k,3}(a_{k,3}^+a_{k,3}+\frac{1}{2})-\hbar\omega_{k,3}\eta_{k,3}\left(a_{k,3}^++a_{k,3}\right)\ .\qquad(6)$$

用量子化算符来表达位移算符可得（这里把 ξ 换成 η）

$$T\left(\eta_{k,3}\right)=\exp\left(-\eta_{k,3}\left(a_{k,3}^+-a_{k,3}\right)\right)=\exp\left(-j\frac{\eta_{k,3}^2}{2}\right)\exp\left(-\eta_{k,3}a_{k,3}^+\right)\exp\left(\eta_{k,3}a_{k,3}\right).$$

如果把 $T\left(\eta_{k,3}\right)|0\rangle$ 记作 $|0,\eta_{k,3}\rangle$ ，并将它归一化，这个振子的波函数和本征方程是

$$H_{k,3}\left|0,\eta_{k,3}\right\rangle=\hbar\omega_{k,3}\left(\frac{1}{2}-\eta_{k,3}^2\right)\left|0,\eta_{k,3}\right\rangle,$$

$$\left|0,\eta_{k,3}\right\rangle=\exp\left(-\frac{\eta_{k,3}^2}{2}\right)\sum_n\frac{1}{\sqrt{n!}}\left(\eta_{k,3}\right)^n|n\rangle,\qquad(7)$$

这就是说，当电子处在状态 j 时，产生的电场使周围的格子发生形变，用格波的图像看，波矢为 k 的纵波 $(k,3)$ 振幅的原点被驱动到 $\xi_{k,3}$ ，波函数成为 $\left|0,\eta_{k,3}\right\rangle$ ，它是驱动哈密顿式（6）的

本征函数，能量本征值是 $\hbar\omega_{k,3}\left(\dfrac{1}{2}-\eta_{k,3}^2\right)$；但显然，这不是振动量子数（即 $(k,3)$ 波声子数）$n_{k,3}=a_{k,3}^+a_{k3}$ 的本征态，表明其没有确定的声子数，但平均值是 $\eta_{k,3}^2$；它的声子数的统计分布是一个泊松分布：有 n 个声子的概率是 $P(n)=\exp\left(-\dfrac{\eta_{k,3}^2}{2}\right)\dfrac{1}{n!}\left|\eta_{k,3}\right|^n$；它没有确定的振幅，但振幅 $q_{k,3}$ 的平均值是 $\xi_{k,3}$。用现代量子光学的话说，这个声子状态是相干态。当然，$T(\eta_{k,3})|n\rangle=|0,\eta_{k,3}\rangle$ 也是式（6）的本征函数，能量本征值是 $\hbar\omega_{k,3}\left(\dfrac{1}{2}-\eta_{k,3}^2+n\right)$，这也是一个相干态。

再进一步探讨这个声子态的性质，为了叙述上的方便，以下把下标 $k,3$ 都略去。刚才是考虑电子状态 j，现在转向考虑电子状态 i。这时，电子云密度成为 $\rho_{e,i}=\left|\psi_{F,i}\right|^2$；对应的参数 ξ,η 也变化了。原来电子态 j 时，驱动哈密顿量是 $H_j=\hbar\omega\left(a^+a+\dfrac{1}{2}\right)-\hbar\omega\eta_j\left(a^++a\right)$，本征的声子状态是 $T(\eta_j)|n\rangle$。电子态 i 时，驱动哈密顿量是 $H_i=\hbar\omega\left(a^+a+\dfrac{1}{2}\right)-\hbar\omega\eta_i\left(a^++a\right)$，本征声子状态是 $T(\eta_i)|0\rangle$。前者和后者的电子波函数是正交的：$\langle i|j\rangle=\int\psi_{F,j}^*\psi_{F,i}\mathrm{d}\tau=0$。但声子波函数却不是正交的，$\langle 0,\eta_j|0,\eta_i\rangle=\exp\left(-\dfrac{\left|\eta_i-\eta_j\right|^2}{2}\right)$。相互正交的电子状态驱动出来的声子态是不正交的，黄昆先生在他的文章中特别强调了这点。为什么要强调？看下面的具体例子。

设想 $E_i>E_j$，探讨从 i 态到 j 态发射光波的过程。初态的电子波函数是 $\psi_{F,i}$，对声子来说，相应的驱动哈密顿量的本征态是 $T(\eta_i)|n\rangle$，假如晶体处在低温，声子态应该是在能量最

低的 $T(\eta_i)|0\rangle$，它的能量是 $\hbar\omega\left(\dfrac{1}{2}-\eta_i^2\right)$。发射光波的终态电子波函数是 $\psi_{F,j}$，对应的驱动哈密顿是 H_j，本征态是 $T(\eta_j)|n\rangle$。很明显，初态的声子态 $T(\eta_i)|0\rangle$ 不是终态哈密顿量的本征态。在电磁波场的作用下，电子从 i 跃迁到 j，声子态就应该演变到用终态哈密顿量的本征态来展开。从 $T(\eta_i)|0\rangle \rightarrow T(\eta_j)|0\rangle$，发射的光子能量是 $\hbar\omega_{i,j}=\left(E_i-E_j+\hbar\omega\left(\eta_j^2-\eta_i^2\right)\right)$，跃迁矩阵元是 $\langle 0,\eta_j|0,\eta_i\rangle$；如果是从 $T(\eta_i)|0\rangle \rightarrow T(\eta_j)|m\rangle$，发射的光子能量是 $\left(E_i-E_j+\hbar\omega\left(\eta_j^2-\eta_i^2+m\right)\right)=\hbar\omega_{i,j}+m\hbar\omega$，跃迁矩阵元是 $\langle m,\eta_j|0,\eta_i\rangle$；所以，发射光应该是由一系列谱线构成的发射谱，频率是 $(\omega_{i,j}-m\omega)$，m 是正整数。m 谱线的强度是正比于矩阵元的平方 $\left|\langle m,\eta_j|0,\eta_i\rangle\right|^2$。这些谱线都是相当宽的，这是相干态的特点。可以算出，分布大致近于泊松分布 $P(m)=\exp\left(-\left|\eta_i-\eta_j\right|^2\right)\dfrac{1}{m!}\left|\eta_i-\eta_j\right|^{2m}$。同样，如果反过来探讨，考虑从能量低的态 j 到能量高的态 i，声子初态是 $T(\eta_j)|0\rangle$，会出现类似的一系列频谱为 $(\omega_{i,j}+m\omega_{ph})$ 的吸收谱，m 是正整数；当然谱线也是相当宽的。

把这个图像推到全部格波模式，可以看到，一个局域在 F 中心周围的电子，像是一团总电荷为 $-e$ 的"电子云"，它驱动在同一区域产生一团"声子云"。我们想象，把图像从格波空间转换到格点空间，$(k,3)$ 波的波幅 $q_{k,3}$ 就转换到元胞 l 中的极化矢量 $Q_{l,3}$；参数 $\xi_{k,3}$、$\eta_{k,3}$ 等波矢函数也转换到 $W_{l,3}$ 和 $V_{l,3}$ 等格点函数。这就是说，在电子云覆盖的区域内，各个元胞中有极化形变，$Q_{l,3}$ 的平均值是 $W_{l,3}$；形象地说，在电子云覆盖的区域内，晶格发生了变形，l 元胞中静态的极化变形是 $W_{l,3}$，离子振动是围绕这个静态变形的振动。

为了图像清晰，黄昆先生在文章中使用了一个简单的晶格模型——晶格振动的爱因斯坦模型，认为所有的纵光学声子的频率是常数 ω_0。于是就可以把格点空间想象为每个元胞中都有一个表示极化的振子，频率是 ω_0。类似于前面对单个格波的讨论，当电子态是 i 时，可以理解在低温下，这个系统的波函数是

$$\psi = \psi_{F,i}\left(r_e\right)\prod_l \phi_0 (Q_{l,3} - W_{l,3,i}) ，\qquad (8)$$

决定于电子云的密度分布，其实只有围绕空间与那个点附近一个有限的区域中 $W_{l,3,i}$ 才是不可忽略的。在区域外，$W_{l,3,i}$ 就是零了。这个区域可以认为对不同的状态电子的选择是一样的。

黄先生引进一个参量：

$$S = \sum_k \left|\eta_{k,3}\right|^2 = \sum_l \frac{\omega_0}{2\hbar}\left|W_{l,3}\right|^2 ；\qquad (9)$$

这就是这团声子云总的平均声子数，换一个说法，是投入到这个有限区域的振动量子 $\hbar\omega_0$ 的平均数。应该理解，在这有限区域中，这有限个振子的振动不是相互独立的，而是相干的。因此在一定意义下，可以把这样一群振子看作是一个"大"振子，它的频率还是 ω_0，波函数是

$$\phi_{ph} = \exp\left(-\frac{S}{2}\right)\sum_n \frac{\left(\sqrt{S}\right)^n}{\sqrt{n!}}|n\rangle .\qquad (10)$$

仿照前面关于一个声子模式的讨论，对于 F 中心电子态间的光跃迁也就可以进行了，发射光谱应该是一系列频率为 $(\omega_{i,j} - p\omega_0)$ 的谱线，p 是正整数，强度分布近于泊松分布

$$\exp\left(-\left|S_i - S_j\right|\right)\left(\left|S_i - S_j\right|^p \middle/ p!\right) .\qquad (11)$$

吸收光谱应是一系列频率为 $(\omega_{i,j} + p\omega_0)$ 的谱线，p 是正整数，强度分布类似。如前文说到的这些谱线都是宽度 $|S_i - S_j|$ 的线。上述黄先生的处理，都是针对晶体在低温下的情况，考虑温度的影响，这些在文章里有所描述，这里就不做介绍了。

黄昆先生在李爱扶先生协助下完成的这篇文章，清晰地解决了 F 中心（广义点说，离子型晶体中的发光中心）的发射和吸收光谱为什么会有很宽的谱，具有同时发射或吸收多个光学声子的可能性。其实与黄先生的文章同时，当时苏联的 Pekar 也提出了类似的说法 [3]。黄先生提出的上述类似于泊松分布 $\exp(-S)\left(\dfrac{S^p}{p!}\right)$ 的预言，20 世纪 50 年代末开始就不断地得到实验验证，固体光谱学家们都习惯于使用这个形式来处理和分析问题，并把这个 S 因子叫做"黄 - 里斯因子"。S 因子是一个无量纲的量，其物理意义是跃迁前后声子云的平均声子数之差。

黄先生在前面的处理中，隐含着一个看法，由于光波的频率比格波（声子）的频率高，电子间跃迁是与光波相互作用引起的，而声子状态的改变则是晶格弛豫的结果。这是在此之前，许多有关分子物理和固体物理常有的想法，通常叫做弗兰克 - 康登原理（Franck-Condon principle），有时又叫做"绝热近似"。在黄先生和李先生的文章中，他们深刻地认识并指出了这点。他们接着就提出了：完全靠电子和格波的相互作用，也可以引起电子态间的有多个声子参与的跃迁，这就是文章题目中强调的无辐射跃迁（non-radiative transitions）。其实，在上述的方程（1）中的 V_c，如果考虑格波的存在，把它对晶格原子对平衡位置的偏移位展开到一级，不就是 F 中心电子波函数应

该与格波振幅 Q_i 有关吗？类似地，考虑电子与晶格离子的库仑作用的方程（4），在前面是把它作用到格波的波函数上，但如果将其作用到电子波函数上，不就可以发生没有光子参与的、电子态间的多声子跃迁吗？这一点应该是这篇文章中的又一个亮点，Pekar 的文章就没有认识到这个关键点。黄昆先生是特别喜爱这篇文章中这种过程的研究的。他在 80 年代重返科研第一线时，就表现出这种特别的喜爱。我想这不仅是因为他觉得这里面有一系列基础性的问题有待澄清，更是由于这个问题在与实际应用有关的许多问题上显得越来越重要和迫切。

20 世纪 50 年代初，物理学界最重大的事件莫过于半导体三极管的发明。从极性晶体管到 MOS 晶体管，谁都理解材料中载流子寿命对器件性能的重要性，寿命不就是主要决定于材料里面的无辐射跃迁的复合中心和复合过程吗？这就是为什么无辐射跃迁这个问题如此地引起黄先生的喜爱和关注的缘故（请参看黄先生写的《晶格弛豫和多声子跃迁理论》[2]）！

2　极化子，量子场论模型

黄昆先生在这篇论文中注意的是被 F 中心俘获的电子，是被局域化在中心周围的电子，电子引起周围晶格的极化，伴随着一团"声子云"；那么对在晶体中运动的导电电子呢？ 20 年代末到 30 年代初，人们就认识到传导电子被声子散射是电阻的一个主要机理，并且做了许多研究。1933 年，著名的苏联物理学家朗道（L. D. Landau）提出，传导电子也会产生一团伴随着一起移动的"声子云"，它会减慢电子的运动（有效质量变重），甚至会把传导电子变成"自陷"的局域化电子。1946 年前后，Landau 和 Pekar 开始对这个设想做了一些研究，也引起了李爱扶先生在利物浦的"老板"Frohlich 的重视，他也开始了对这个问题的深入研究；这种伴随着声子云的电子人们称作"极化子"（Polaron）。（可参看 Frohlich 本人对前期研究的叙述 [4]。）

　　李政道先生在同一时期也开始对这个问题做了研究。他与合作者 Pines，Low 采用了标准的量子场论的做法 [5]，把这个问题当成一个费米场（电子场）和一个玻色场（离子型晶体的纵光学波声子场）耦合的典型，连续发表了 3 篇论文 [5,6]，当时产生了较大的影响。我个人感觉，李政道先生对这个问题的兴趣，应该说主要是因为这是一个量子场论的"可解的"模型 [7]，和量子电动力学对比，这个模型（当时很多人称作"李模型"）没有重正化的无穷大问题，可以充分显示场论方法和物理图像的特色。

　　在二十世纪六七十年代，极化子的研究成为固体物理的一个热门，发表了很多文章，理论和实验成果都很丰富。有兴趣的读者可以参看专著 [4] 和标准的教科书 [8]，或者近年的评论文章 [9]。极化子的研究引进了一系列新的观念。比如电子间交换虚声子会产生电子之间的吸引作用的观念，就对超导机理的研究提供了全新的角度，对后来超导微观机理理论的建立起了决定性作用。当时，Bardeen、Pines、Frohlich 等人都做过此方面的研究工作。黄昆先生在回国前夕也发表了一篇相关的文章 [10]。50 年代末，黄先生又进行过极化子的研究 [11]。回顾 50 年代初关于电子声子相互作用的这些进展，应该说黄先生当时是处在这些发展的核心圈子的。

3 半导体集成电路中的无辐射多声子跃迁

有人在评价 20 世纪 60—70 年代的物理学时有个说法：百分之六十的非核物理研究是围绕半导体做的，而其中又有百分之六十是围绕硅来做的。在硅的材料研究、工艺研究和物理研究中，硅的体材料以及界面和表面区域材料中的杂质、点缺陷、位错等从来是占了很大比例。其目的就是要认识和控制载流子的复合寿命。半导体界常用的说法就是要认识和控制 Shockley-Read-Hall 复合。这类简称为 SRH 复合的过程就是黄先生在李先生帮助下提出的"无辐射多声子跃迁"。我记得在 70 年代末，秦国刚同志刚从汉中下放归来，提出要把研究深能级杂质作为主要方向，要购入电子自旋共振谱仪时，黄昆先生就非常兴奋地表示支持。黄先生当时就强调，这类复合中心会有多个激发态能级，复合过程会是级联过程；他还强调，要发展局域化的晶格振动模式在这些过程中的作用（见文献 [2] 中黄先生的几篇评论）。他一再希望能学习和发展用于这类研究的新的实验手段。比如，利用综合的实验手段，人们就证明铜和金作为深能级，它们在硅的带隙中有多个能级，复合截面到 $10^{-15}\,\mathrm{cm}^2$ 的量级[12]。

当现代集成电路进入到百纳米量级及其以下尺度时，多声子复合中心对器件性能、可靠性、噪声来源等方面的影响比以前严重了，条件苛刻了，所以提出了对多声子无辐射跃迁过程的具体描述和分析更高的要求。90 年代以来，关于 Si-SiO₂ 界面的 P_b 心，E' 心，K_n 心等等的研究很多。从物理理论来说，这些研究都开始使用密度泛函的计算手段，引入了比较具体的化学键合概念，有些计算的工作量看上去是相当大的。可是为了讨论复合过程，不得不在不同程度上使用含时间的密度泛函理论；不得不在格子组态坐标选择上做许多假设，常常用的是一维的坐标。这些对计算的结果有多大的影响呢？在这样小尺度中，复合时不仅仅要考虑多声子的复合，也要考虑电子与电子相互作用，一定意义上的俄歇（Auger）效应必须引入，当载流子跃迁时有一部分能量是传递给其他电子的，于是，也必须同时考虑围绕复合中心的电子分布。在文献上，从最平常的漂移－扩散方程、Boltzmann方程，一直到用非平衡的量子格林函数方法的都有，总的说还缺少一个清晰的图像；希望了解的读者可以阅读文献 [13—15]。

如果考虑到今后一段时间半导体电子学新的发展机会，这些方面的研究的范围就更加扩大和深入了。我记得在21世纪初，我和韩汝琦同志去看望黄昆先生时，说起韩汝琦当时正努力想在北京大学开始探索高K集成电路的几种可能的氧化物膜时，也说到这些膜和硅界面的复合中心是个问题，黄先生笑着对韩说，"你离这步研究还远着哪！"唉，十多年过得也真快，黄先生离开我们了，比我还小半年的韩汝琦也走了！有时看到关于HfO_2介质膜的文章时，真是从心底感到"惘然"！现在很多人在谈论二维材料，单原子层或几个原子层的，像MoS_2等做下一代场效应管，在这些材料中这些问题也总得有人做啊！

4　半导体发光二极管，激光管，光电子学

在 20 世纪 90 年代初，当中村修二（S. Nakamura）宣告他做的 InGaN LED 有多亮[16, 17]时，我们这些人都觉得又会见证一次科学造假了。衬底和外延层晶格失配率到 15%，位错密度甚至高于 10^8！能这样亮吗？可是事实就是事实，我们想不明白的也只好赶紧跟着他做了。现在，效率到 70% 的 InGaN 蓝光 LED 都在卖了。为什么 InGaN 材料中电子 - 空穴复合发光会这样强？为什么 SRH 复合会这样弱？应该说也基本弄清楚了。在 c 面生长的 InGaN-GaN 量子阱中，In 原子浓度的统计涨落，以及它引起的阱宽、应力和压电自建场的综合效果，使空穴能带边和电子波函数变化，载流子出现局域化；而相应的散射又使得电子空穴躲开 SRH 复合中心。这几方面的因素凑在一块，就使得发蓝光的多量子阱 LED 会有这么高的复合发光效率！把 In 的成分提高些（绿光、黄光 LED）或减小些（紫外 LED）就没有这么好的效率啦！这真是"上帝"（大自然）送给人类的一件礼物啊！（有兴趣的读者可参看文献 [18-20]）但这也告诉人们，在实际材料中，考虑发光复合和无辐射复合是个综合性的复杂问题。

用这种高效率的蓝光 LED 激励荧光粉，做成白光光源，已经成为普用照明的主流了，我国也已成为了这个方面世界强国之一（我国与之有关的产业目前年总产值超过 5000 亿人民币）。但是，人们发现，在大注入时，发光效率会迅速下降，这可以说是目前半导体照明行业面临的最令人瞩目的科学问题。清华大

学的学者们写了一篇评论[21]，有兴趣的读者可以参看。原来在大注入时，另一种无辐射跃迁 ——俄歇跃迁开始起作用了。

器件的内量子效率（IQE）简单地说是可以近似表达为

$$\eta_{int} = \eta_{inj}\eta_{rad} = \eta_{inj}\frac{Bn^2}{An + Bn^2 + Cn^3} \ , \tag{12}$$

这里，n 是在激活区载流子浓度，η_{int} 是载流子注入效率，η_{rad} 是电子－空穴复合发光效率；后面这项里面，A 是 SRH 复合率，也就是通过无辐射多声子跃迁的速率；B 是电子－空穴复合发光的速率，它正比于电子浓度乘以空穴浓度；C 是俄歇速率，它是电子和空穴相遇复合时把能量转移给旁边的载流子（电子或空穴），显然近似地它正比于 n^3。从这个公式，就很容易理解大注入条件下为什么 IQE 会迅速下降。

黄先生和李先生说的无辐射复合是电子－空穴复合时发射声子，当然在前面已经讲过它可以有比较复杂的过程，常常是走好几步才完成的，这些都唯象地归结在 SRH 复合里了。俄歇复合是物理上不同的机理，前面说过 80 年代时，黄昆先生就要我们注意这个机理，让我们进入到这样的条件下进行研究。电子－电子间的相互作用，首先便是在多量子阱器件中，不同时空尺度下载流子的空间分布和能量分布的问题。在传统的半导体物理中，这便是准热平衡意义下的输运方程问题、非热平衡下的玻尔兹曼方程问题以及热电子问题。在现代人们比较爱说的关联系统中，这便是非平衡统计物理的典型具体问题。围绕这方面最近几年出现了大量的（大部分是数值的，但也不少是解析加上数值的）有关理论文章，也发展了很多比较直接的，以及相对间接的实验研究方法。我比较随意地为读者提了几篇参考[22—24]。我也想顺便提醒对太阳能电池感兴趣的读者，这些问题在那里也是有的。

面对 GaN 基的 LED 大注入下效率下降的问题，大量的研究工作正在进行，但无论如何，看样子是不可能有"颠覆性"的改进了（但愿这个看法是错误的！）。所以，中村修二在他的诺贝尔奖演讲中就提出，用激光二极管代替发光二极管（即用 LD 代替 LED）做普用照明的问题。尽管 LD 的效率还是比低电流下的 LED 低，但它已经惊人地达到近 40% 的水平，这比已经认识过的任何类型的激光器不可想象的高了。何况它能达到的输出功率是 LED 的数量级的高。这个替代将是一个有重大意义的事件，有兴趣的读者可以去看很多有关的讨论，例如文献 [25]。从物理角度，受激发射与前面（12）式（文献上人们把它叫做 ABC 公式）说的 B 过程（自发辐射）是有原则性的区别，现在还缺少认真的关于在多量子阱激光器的条件下，分析公式（12）中起作用的 A 和 C 两种非辐射跃迁和受激发射的竞争，以及 In 原子浓度的统计涨落带来的很宽的线宽所起的影响。

GaN 基的 LD 有如此惊人的效率，比起 LED，更是"上帝"（大自然）送给人类的一件礼物了。所以，中村修二在他的诺贝尔奖演讲中也强调了可见光通信的可能性。总之，如果站在比普用照明宽的角度来考虑 III 族氮化物的应用时，需要考虑的问题就太多了。

5　量子点，超短脉冲相干光

近年来，10 纳米尺度的量子点有很大的发展。在未来的照明技术、太阳能技术、催化技术、环保技术等这些新兴的量子点将会有很重要的前景。怎样理解这个尺度上电子－声子相互作用？怎样理解这类材料的黄－里斯因子？怎样理解这里的多声子无辐射跃迁？表面、界面和体内区域的区别怎样处理？一系列问题摆在研究者的面前，也已经发表了不少文章。这方面的问题也很自然地与化学物理、高分子物理中的问题连接上了。其实我们这里有些从事有机发光二极管（OLED）的同事就遇到类似的问题。

从实验手段来说，现在超短脉冲激光的技术有很大发展，比如周期短的相干光波已经可以使用。对前面讲到的各种过程中的弛豫时间，能有直接的了解，将会推动理论上的发展。

▲ 黄昆和英裔夫人李爱扶

6　没有结束的结语

前面我和读者一起，回顾了黄昆先生在李爱扶先生的帮助下 1950 年发表的论文。这篇文章首次提出了固体物理中，有多个声子参加的光跃迁和无辐射跃迁的现象的物理机理，从这个角度提出了电子-声子相互作用中一些深层次的问题。我们也看到，直至黄先生晚年，他都很喜爱这个领域。我们这些有幸能追随黄先生工作的人，都理解他是一个努力在自己科学工作中，把追求真理与造福人民两个目标结合起来的人。他之所以喜爱这个领域，就是因为这是一个很基础的但又是有重大应用背景的科学问题。在前面的文字中，我从当代集成电路的发展、半导体照明的发展、纳米技术的发展，粗浅地谈了一些认识。在谈到这些时，心里总有一种遗憾和愧疚的心情。20 世纪八九十年代，包括 21 世纪初几年，黄先生在各种场合下谈过好几次有关的科学问题，意思是想推动开展一些研究。可是我们没有做，现在我也年过 80 了，还是在说说而已。这不是一句"人在江湖，身不由己"推脱得了的。唉！习主席说："盖房子是为给人住的，不是为了炒的。"这个精神要是也能用到科学界就更好了。

参 考 文 献

[1] Huang K，Rhys A. Proc. Roy. Soc. (London)，1950，A 204：406

[2] 黄昆 . 黄昆文集 . 北京：北京大学出版社，2004

[3] Pekar S L，Zh. Eksp. Teor. Fiz.，1950，20：510

[4] Frohlich H. Polarons and Excitons (Ed. By C. G. Kuper，G. D.Whitfield). New York：Plenum，1963. 1-11

[5] Lee T D，Pines D. Phys. Rev.，1952，88：960；Lee T D，Pines D, Low F. Phys. Rev.，1953，90：297

[6] Low F，Pines D. Phys. Rev.，1955，98：414

[7] Lee T D. Phys. Rev.，1954，95：1329

[8] Mahan G D. Many-particle Physics. New York：Plenum，1993

[9] Devereese J J，Alexandrov A S. Rep. Prog. Phys.，2009，72：066501

[10] Huang K. Proc. Roy. Soc.(London)，1951，64：867

[11] 黄昆 . 物理学报，1958，14：204

[12] Istratov A，Weber E. Appl. Phys.，1998，A66：123

[13] Alkauskas A，Yan Q，Van de Walle C G. Phys. Rev. B，2014，90：075202

[14] Goes W，Wimmer Y et al. Microelectronics Reliability，2018，87：286

[15] Liu Y Y et al. Phys Rev. Appl.，2019，11：044058

[16] Nakamura S，Mukai T，Senoh M. Appl. Phys. Lett.，1994，64：1687

[17] Nakamura S，Senoh M，Iwasa N. Jpn. J. Appl. Phys.，1995，34：L797

[18] Watson-Parris D et al. Phys. Rev. B，2011，83：115321

[19] Yang T J et al. J. Appl. Phys.，2014，116：113104

[20] Tanner D S P et al. RSC Advances，2016，6：64513

[21] Wang L et al. Materials，2017，10：1233

[22] Kivisaari P et al. J. comput. Electyon.，2015，14：382

[23] Zhukov V P et al. J. Appl. Phys.，2016，120：085708

[24] Sjakste J et al. J. Phys. Condens. Matter，2018，30：353001

[25] Kuritzky L Y et al. MRS Communications，2015，5：463

黄昆先生与中国物理学会 ①

杨国桢　谷冬梅

　　黄昆先生（1919 年 9 月 2 日—2005 年 7 月 6 日）的一生，不仅对开创我国固体物理学和半导体物理学事业做出了杰出的贡献，而且对推动中国物理学会各项事业的发展也起到了积极的作用。

一、黄昆先生在中国物理学会的任职

1963—1982 年，第二届理事会，理事

1982—1987 年，第三届理事会，常务理事

1987—1991 年，第四届理事会，理事长

1982—1984 年，第一届光散射专业委员会，主任

1982—1987 年，学术交流委员会，副主任

1984—2005 年，《中国物理快报》编委会，顾问

1988—1995 年，四项物理奖基金委员会，副主任

2000—2003 年，五项物理奖基金委员会，委员

---

① 本文写作参考了《中国物理学会八十年》。

二、黄昆先生担任中国物理学会理事长期间的主要工作

1987—1991 年，黄昆先生在担任中国物理学会理事长期间，与副理事长谢希德、周光召、李寿枬、沈克琦、管惟炎和秘书长杨国桢一道，全面领导学会开展了各项工作，取得了喜人的成绩。下面重点介绍学术交流、学术期刊和国际交流方面的工作情况。

1. 学术交流

1987—1991 年，中国物理学会及其分支机构共组织召开各类学术会议 260 次，其中，国际学术会议 26 次，每年约为 60 次。其中，35 岁以下青年学者参会比例呈明显上升趋势，越来越多的境外学者应邀来华参加学术会议（约 6580 人），对推动我国物理学的可持续发展起到了重要的作用。例如："第五届全国原子、分子物理学术会议"参会的 35 岁以下青年学者代表占总人数的 50% 以上；"第八届国际发光会议"参会的 500 余位代表中，国外学者占 50% 以上，其中包括诺贝尔物理学奖得主江琦玲于奈教授等著名学者。

1989 年，在国内召开国际会议遇到一些困难，但依然在北京举办了"第一届内耗与超声衰减国际会议"，虽然应到的 105 名境外学者，实到仅 15 名，会上国际组织还为葛庭燧先生颁发了国际内耗学术界的最高奖——甄纳奖，这是我国学者首次获得该项荣誉。1990 年计划召开的五个国际学术会议都如期举行，境外学者人数增加，气氛融洽。

1987 年 9 月 1 日，黄昆先生还在北京主持召开了"纪念牛

顿的《自然哲学的数学原理》出版 300 周年大会"。

2. 学术期刊

黄昆先生非常重视学术期刊在学术交流中的作用。他早自 1952 年起，就参与了中国物理学术期刊的创办工作，曾任《物理通报》（1951 年创刊）副主编，并先后在该刊发表了《新的动力源泉——原子能》（1955 年第 3 期）、《分子物理学中的几个问题》（1955 年第 7 期）、《液体的性质》（1955 年第 9 期）、《弯月面和毛吸现象》（1956 年第 2 期）、《表面张力》（1993 年第 4 期）等多篇论文，从中可以看出他在《物理通报》的工作和做出的贡献。黄昆先生的最后二十余年，一直担任《中国物理快报》编委会的顾问。

随着中国改革开放政策的实施，黄昆先生在担任理事长期间，充分意识到期刊国际化的重要性，努力推进学会英文刊物的发展。中国物理学会 1984 年创办的第一个英文学术刊物——《中国物理快报》，在 1987—1991 年间得到了稳步有效的发展；与此同时，《物理学报》（英文版）也在积极酝酿之中，并于 1992 年成功创刊，该刊后来变更刊名为 Chinese Physics，为中国物理类学术期刊走向国际迈出了重要的一步。

事实上，在黄昆先生担任理事长前后的那段时间里，中国物理学会在期刊方面与国际物理社会交往频繁。例如：美国物理研究会（American Institute of Physics）为加强与中国物理学会的联系，曾在 20 世纪 80 年代创办 Chinese Physics，从《物理学报》发表的文章中择优翻译为英文，几年后因销量低而停刊，杨国桢应邀参加了停刊仪式；美国物理学会 *Physical Review* 系列刊物很早就开始对中国大陆作者免收版面费，极大地促进了中国学者与国际同行的交流；1994 年，冯端先生（时任理事长）代表中国物理学会与美国物理学会签署协议，中国读者订其刊物可享受连续 10 年的优惠，具体为：第 1 年 10%、第 2 年 20%，以此类推，第 10 年为全价 100%。

3. 国际交流

1984 年，在李政道先生等著名物理学家的积极努力下，中国物理学会恢复加入了国际纯粹与应用物理联合会（IUPAP）。1984 年，周光召、赵凯华、杜祥琬代表中国物理学会参加在意大利举行的第 18 届 IUPAP 全体大会，黄昆与于渌、周光召、章综成为第一批在该组织任职的中国大陆学者，黄昆当选为半导体物理专业委员会委员。

自 1987 年起，中国在该组织中的地位日趋稳定，每届约有 10 位大陆物理学家在该组织中任职。近些年，随着中国经济的不断发展，中国物理学会逐步提高向 IUPAP 缴纳会费的份额，在该组织任职人员的数量也随之提高，并开始担任专业委员会主任、副主任等重要职务。目前，共有 17 位大陆学者在 IUPAP 中任职。

自 1993 年起至今，除了 2002—2005 年、2008—2011 年两届以外，中国大陆在 IUPAP 始终占有副主席的席位，周光召、杨国桢、陈佳洱、詹文龙和王恩哥先后任 IUPAP 执委会副主席。

应中国物理学会的邀请，1988 年 11 月在北京召开 IUPAP

执行委员会会议，与会代表在会议期间还参观了中国科学院物理研究所、中国科学院高能物理研究所和北京大学等，扩大了我国物理学工作者与该组织成员的联系与交流。随着中国物理学会在 IUPAP 地位的巩固和提高，2000 年 10 月再次在北京成功举办 IUPAP 执委会暨专业委员会主任会议。并且，2020 年 10 月将在北京举办第 30 届 IUPAP 全体大会，这将是 IUPAP 全体大会首次在中国举办。这些成就的取得，与周光召先生、黄昆先生等老一辈物理学家的辛勤努力和无私奉献密不可分。

1990 年 8 月，在杨振宁先生的倡议和主持下，经过几年的酝酿筹备，亚太物理学会协会（AAPPS）在汉城举行的亚太物理学术会议期间正式成立。中国物理学会是该组织的发起学会之一。赵忠贤当选第一届 AAPPS 理事会的理事，杨振宁先生为理事会主席。

4. 其他

1987 年，为纪念我国物理学界老前辈在开创我国物理学事业和创建中国物理学会的过程中所做出的贡献，中国物理学会设立"胡刚复、饶毓泰、叶企孙、吴有训物理奖"。1987—1991 年，先后评出了第一届、第二届四项物理奖的获奖者。第一届获奖者：胡刚复奖（实验技术）洪朝生、周远；饶毓泰奖（光学、声学、原子分子物理）王育竹；吴有训奖（核物理和粒子物理）邝宇平。第二届获奖者：胡刚复奖林尊琪；饶毓泰奖叶佩弦、傅盘铭；叶企孙奖李方华、范海福；吴有训奖张焕乔、许谨诚、刘祖华、陈永寿。1999 年，学会又设立王淦昌物理奖，合称"中国物理学会五项物理奖"。这些奖项目前已在我国物理学界享有很好的声誉。

△ 1990—1991 年度胡刚复、饶毓泰、叶企孙、吴有训物理奖颁奖会
前排就坐（颁奖者）自左至右：李寿枬、谢希德、黄昆、王淦昌、彭桓武、朱洪元

1986 年，受吴健雄教授的委托，中国物理学会设立"吴健雄物理奖"，黄昆先生担任评奖委员会主任。1987 年、1990 年先后评出第一届、第二届获奖者各 3 人。第一届获奖者：张泽、王大能和解金春；第二届获奖者：王宁、陈焕和马建。吴健雄教授两次都亲自到会授奖。该奖后来由于种种原因而停办了。

1987—1991 年，中国物理学会组织编辑并出版《物理基础知识丛书》和《现代物理知识丛书》共 23 本，发行 10 万余册；学会与各分支机构举办讲习班、科普讲座和科普报告等共 63 次，受众 7500 余人。

自 1984 年起，中国物理学会每年举办一次全国中学生物理竞赛，到 2018 年已举办 35 届；自 1986 年起，每年选拔并组织选手参加国际物理奥林匹克竞赛，该赛事受到全社会的广泛关注，为发现优秀物理人才和赢得国际声誉做出了贡献。1987—1991年，参加全国竞赛的学生4年共计22万余人（2018年参赛学生逾88万）。

中国物理学会成立之初就设立了物理学名词审定委员会。数十年来，几代物理学名词专家兢兢业业，为统一中国物理学名词奠定了良好的基础，做了大量开创性的工作。自1985年起，物理学名词委员会开始对物理学名词进行全面的审定和统一工作，并于1989年公布出版第一批名词（基础物理部分）——《物理学名词》（第一版）；1996年出版《物理学名词》（第二版）；2019年春，刚刚出版《物理学名词》（第三版）。

为了更全面地促进物理学各分支学科的发展，1987—1991年，中国物理学会在原有21个分会、专业委员会的基础上，新成立了磁学、固体缺陷、低温物理、量子光学等4个专业委员会。四年里，发展新会员近3000人。

为了对老一辈物理学家的辛勤工作表示敬意，对热心学会工作的物理学工作者表示感谢，第四届理事会在行将届满时，对120位从事物理学工作五十年的物理学家和127位学会工作积极分子进行了表彰。

三、黄昆先生对中国物理学会未来发展的期望

在即将完成中国物理学会的领导工作时，黄昆先生代表第四届理事会对学会的未来发展提出几点建议：

（1）学术活动：提高学术会议的质量，倡导勇于开展学术

讨论的风气；研究分支机构的设置是否合理；承办国际会议要严肃认真地对待；应主动加强与台湾学者的联系和交流，增进了解。

（2）物理教学研究：搞好科技教学人员的在职培训工作，发挥高校教师在中学物理教学研究中的作用；大力支持各地方物理学会的工作，组织地区性教学经验交流活动。

（3）科学普及与青少年工作：要重视科学性、思想性，要有针对性，并力求通俗化。

（4）科技咨询：为工农业生产的技术攻关和改造，为新设备、新材料的设计和研制提供咨询；对科技成果进行评价、鉴定和推广；为引进国外技术和设备提供咨询；为国家学科发展规划提供咨询等。

▲ 中国物理学会第四届全国会员代表大会开幕式（1987 年 2 月，北京）

自左至右：钱三强、谢希德、洪朝生、黄昆

▲ 中国物理学会第四届全国会员代表大会主席团会议（1987 年 2 月，北京）

黄昆先生认为，当前面临的严重问题，就是社会对物理的认识和重视问题，以及因为经费紧张导致的"人才断层"问题，学会应当努力推动这些问题的解决，并代表广大物理工作者呼吁，以期得到社会和相关部门的重视。

这些建议高瞻远瞩，即使在当前仍然具有现实的指导意义，是中国物理学会未来发展的主要方向。

杨国桢有幸与黄昆先生在中国物理学会共事了几年，黄昆先生始终对工作一丝不苟，所经手的文字和内容必得谨慎修改方可签发，令人印象尤为深刻。

致谢　感谢中国科学院物理研究所聂玉昕研究员对本文提出的重要补充和有益建议。

崇高品德，深切怀念
——忆恩师黄昆

秦 国 刚

今年，2019 年，是恩师黄昆老师诞辰一百周年。黄昆老师离开我们已有 14 个年头了！随着时光的流逝，我对他的思念却越来越深沉。北京大学中关村二公寓二幢二层左室是黄昆老师与他夫人李爱扶先生的简易宿舍，20 世纪 50 年代以来，几十年之中，是我造访过远在百次以上的地方。李爱扶先生于六年前仙逝后，我虽然途经附近很多次，但却没有勇气再到门前看一看这凄凉之地。

黄昆老师在固体物理和半导体物理学科上的开创性和科学成果，以及他在普通物理、固体物理和半导体方面的讲课艺术和教学成果是大家或多或少知道一些的。这里，我主要回忆我与黄昆老师相识（1952—2005）的 53 年间和此后迄今的 14 年间，我所逐渐认识和体会到他崇高品德的点滴。

回忆如下三件事。

1. 我 1952 年考入北大物理系。那一年，全国高校院系大调整。北京大学、清华大学和燕京大学三校的物理系合并改组成新的北京大学物理系。上级要求全国大学要以最强的老师教基础课。因此，全国 52 年入学的大学生都是直接受益者。

物理系一年级的主课是普通物理，黄昆老师是我们物理系 52 级乙班（约 100 个同学）的任课老师（甲班任课老师是虞福春老师）。1946—1951 年是黄昆老师科学研究的第一个高峰时期。黄昆方程、黄散射、黄－里斯因子等都是这个时期他的杰作；与 Born 合著的经典名著 *Dynamical Theory of Crystal Lattices* 也已启动。1951 年，他不顾自己的科学研究正处高峰期，迫不及待地回到刚解放的百废待兴的祖国，参与新中国的建设，来到了北大物理系。

就在他讲第一堂普通物理课时，我认识他的。对当时我们这群初入物理殿堂、如饥似渴探求物理真知的青年来说，听他讲普通物理简直是一种艺术享受。当时我的感受已写在《缅怀大学时期（1952—1956）的黄昆老师》[1] 中，不再赘述。我研究生毕业后的五十多年中，自己也长期讲课。当时和后来，我都考虑过一个问题，为什么黄昆老师讲普通物理讲得那么好？据我所知，那是黄昆老师第一次讲普通物理，并没有教学经验。普通物理主要参考书是福利斯所著《普通物理学》，他也是第一次接触。后来，我认为：除了他雄厚的物理基础和出色科学造诣、再加我们学子们求知渴望外，主要原因是他几乎是全力以赴地备课，停止了除写作 *Dynamical Theory of Crystal Lattices* 以外的所有科学研究。为备一堂课，他往往花上十几个小时。一边备课，一边抽烟，常至深夜。

为更多更好培养半导体物理人才，1956—1958年间，上级决定北京大学、复旦大学、南京大学、厦门大学和吉林大学五校的半导体教研室老师和学生集中到北京大学联合办学，黄昆老师担任教研室主任，谢希德老师担任教研室副主任。两年间，为国家培养了许多半导体人才，包括多名科学院和工程院院士以及许多高校、研究所、企业的业务骨干。

私下，他的学子们（包括我自己在内），讨论过这样一个问题。50年代初，黄昆老师的科学研究正处于第一个高峰期，如果他还留在英国，或即使回国，用一半时间接着搞科研，一定还能做出更重要成果。当时完全放弃研究工作，全力投入教学，是否合算？黄昆老师的高尚品德决定了他把国家的利益看得远高于个人的利益，他自己从没有考虑过合算与否的问题。很多年以后，我自己也认识到：他的多门课程的教学、多部教材（也是专著），再加领导组织工作直接和间接地培养和影响了二、三、四代，甚至更多代我国固体物理和半导体物理界的后来者。例如，我自己和我的学生们就是深受其益的人。其在我国科技界的影响超过了他的科学成果的影响。

黄昆老师将全部精力投入工作。两个儿子，黄志谦和黄志勤的家庭教育没有得到他应有的投入。在家中，他要求家人都说中国话，因而两个孩子英语也没有自幼打下基础。一个儿子，还曾因没有合适的工作，一度被分配在街道工厂工作。

黄昆老师这种将祖国的教育事业看得远高于个人和家庭利

益的精神，堪称崇高！

2. 我 1956 年大学毕业，第一志愿是作黄昆老师的研究生。当时，只要导师同意，组织批准，无需考试，就可研究生入学。我有幸成了黄昆老师第一个四年制研究生（初入学称"副博士"研究生，后因故撤销"副博士"称号，研究生没有学位）。1961年 2 月我研究生毕业，系领导告诉我留系工作。当我安心工作了约几个月后的一天，物理系的实际负责人沈克琦老师（物理系副主任，系主任是民主人士）突然找我说：系里为我留系工作的事多次向教育部打报告，但教育部不同意，理由是教育部新增的第 28 所重点大学山东海洋学院的海洋物理系师资不足，有些基础课无老师上课，急需物理系的研究生去上课（本科毕业生只能辅导）。得知这个情况后，我当即到学校办了离校手续，并去邮局打长途电话，告诉在天津工作的夫人胡章淑这个消息。第二天，就带了简单的行李去了青岛。当时的我，初生之犊不畏虎，海洋物理虽然不懂，但可以学，当务之急是讲好海洋物理系领导分配的二年级普通物理课，并为第二年上电动力学备课。得益于黄昆老师和虞福春老师的普通物理精心教学，再加上有黄昆老师全力以赴讲普通物理课的好榜样，经过努力，一年的课程得以满意结束。

1962 年暑假前的一天，海洋物理系领导突然找我，说上级领导决定将我调回北大物理系作黄昆老师的助手。这事对我来说，非常突然。因为，此前一年间，我从未与黄昆老师联系过（当时，没有手机与网络，远地一般通过书信联系，因忙于备课，也未写信与他联系），也从没有提出过调动的要求。知道该消息后，第一反应是马上去邮局给我夫人打长途电话，立即终止正在积极进行的她从天津到青岛的调动，以免越离越远。

1962 年暑假，我回到了北大物理系，在黄昆老师担任主任的能谱研究室工作。迄今的 57 年间，我一直在北大（包括在汉中分校的 8 年）教学和科研，但从来没有做过黄昆老师的助手。我回北大后，系领导和黄昆老师都没有提起过助手的事，我当然也不会问。我长期的疑问是：自己从没有向组织提过调动的要求，也没有对任何个人提过此事，而且我夫人积极提出从天津调青岛的要求，得到她上级的支持，还接近实现。究竟是谁推动了在当时是十分困难的调动呢？山东海洋学院海洋物理系领导说是回北大当黄昆老师的助手，却又没有这回事。后来，我自己分析，唯一可能，这是黄昆老师为了给北大留一个半导体方面的老师，由他提议，以需要助手的名义提出申请，经上级领导批准，完成了这个调动。当然，这仅是我的猜想，无法核实。从我调回北京到他仙逝的 43 年间，对我调回北大之事，他既从未明言，也从无暗示。我当然也不便追问。没有一丝暗示，正是他，给予了我这个恩惠，才使我在后来的几十年中能为北大和半导体界工作。这是一种施惠于人，不求人知，不求任何回报的高尚精神！

3. 1977 年，国家恢复基础研究，我们研究小组选择"半导体中深中心"为基础研究的方向，因为这是当时国际半导体研究的前沿之一，该领域我在黄昆老师指导的大学毕业论文期间略有涉足[2]。更重要的是，它要求的物质条件不高，我们研究组或可勉强满足。1978 年，我们四个老师从汉中分校回到北大物理系，借了一个 40 平米的空房间，从买 X-Y 记录仪、锁相放大器开始，搞起了科研。1979 年春天，在法国举行"半导体中深能级"国际会议，会议方特邀黄昆老师参加，因为他们认为黄昆老师 1951 年发表的多声子无辐射电子跃迁理论是半导体中深中心理论的一个基础。当时，改革开放伊始，参加国际会议是珍稀事件，同事中还极少有人参加过国际会议。黄昆老师却把这个宝贵的参与权让给了我，使我第一次有机会参加国际学术会议，从而开启了参与国际交流之旅。

20 世纪 80 年代，我与合作者在半导体中深中心方面发表的四十余篇论文中我自认为有点分量的，许多请黄昆老师看过，请他指点修改。那时，他已出任中科院半导体研究所所长，工作繁重，没有义务为北大过去的学生修改论文。但他每次都不厌其烦地细看、细改，从未推诿。不仅改正了我差劲的英文，在科学内容方面，也提出宝贵修改意见。有的论文，在接受他的指导修改后，还多次讨论。1984 年发表的《深能级电子（空穴）的热发射与振动熵》一文，就是一例。完稿后，他建议投稿《中国科学》，后发表在中文版 432 页，英文版 A 辑 27 卷，859-868。1986 年我参加在法国举行的半导体中缺陷国际会议，以"单晶硅中与氢相关的缺陷"为题作邀请报告。1988 年，我作为第一作者与杜永昌，张玉峰等人"单晶硅中氢的行为和与氢相关的缺陷"的项目获国家教委科技进步奖一等奖。其中，都有黄昆老师的重要贡献，但却没有出现他的名字。还记得每次我拿论文稿到他家请他修改时，在聆听受益之外，几乎每次还得到他的表扬。后来想起来，实际是鼓励和鞭策。每次当我诚恳地请他作为合作者署名时，他都没有同意，包括上述《中国科学》的那篇论文。事实上，当时改革开放伊始，他与我一样，也是长期停顿了科学工作，处于开始发表论文的启动阶段。但是，尽管他付出很多，在科学上也充分肯定的条件下，他还是拒绝在论文上署名。

　　他对我们研究组的帮助和鼓励不限于此。例如，1983年，当时新担任北大物理系主任的虞福春老师英明地决定将物理系历年积余的部分资金用于资助当时系里研究成果较好的研究组。由于资金有限，他在多方外调的基础上选定了系里少数研究组，作为资助对象。我们研究组也有幸在列，一次性得到30万元资助。这对我们这个穷研究组来说是及时雨。当时，一个自然科学基金的资助额也才6—8万。这是我一生中唯一一次在没有写申请书情况下获得资助。后来才知道，虞福春老师至少是从黄昆老师处了解了我们组的研究情况的。黄昆老师高尚品德表现在：对学生孜孜不倦地言传身教之外，还在明处和暗中给予大力帮助和支持，对我们这个正处初创阶段、举步维艰的研究组，这种帮助、支持和鼓励更显得特别宝贵。他所做的一切都是无私的。这种高尚品德是我们每一个学子和后来者学习的榜样。

　　深深怀念恩师黄昆老师！

🔺 1989 年，在祝贺黄昆 70 寿辰的晚宴上。左起：朱邦芬，秦国刚，郑厚植，甘子钊，
李爱扶，黄昆，韩汝琦，钟战天

后　记

我今年 85 岁，已于去年 11 月从北大物理学院退休。因为年龄的原因，估计这是我最后一篇深切怀念恩师黄昆老师的小文。此前，曾在 2006 年和 2008 年写过两篇纪念他的小文，重点有所不同，列为参考文章 1 和 2。另，相关的纪念他夫人李爱扶先生的小文，列为参考文章 3。

参 考 文 献

[1] 秦国刚 . 缅怀大学时期（1952—1956）的黄昆老师 . 夏建白，陈辰嘉，何春藩主编 . 自主创新之路 . 科学出版社，2006.59-63

[2] 秦国刚 . 深深怀念黄昆老师 . 夏建白，陈辰嘉，何春藩主编 . 名师风范——忆黄昆 . 北京大学出版社，2008.59-63

[3] 秦国刚 . 平凡又伟大的女性 . 中国科学院半导体研究所综合办公室编 . 李爱扶先生纪念文集 . 32

桃李不言，下自成蹊

——纪念黄昆先生诞辰一百周年

王阳元

1953 年，我 18 岁考入北大物理系，当年就受教于黄昆老师。我大学生活的第一堂课，就是黄先生主讲的大学本科的基础课——普通物理。

黄昆先生是中国科学院成立以后第一批学部委员（1955年），他早年毕业于燕京大学和西南联大，1945 年去英国留学，获英国布里斯托尔大学博士学位，他与诺贝尔奖获得者 M. 玻恩合著《晶格动力学》一书，是固体物理学领域最早且至今仍具有权威性的经典著作。

黄昆先生是世界著名物理学家，他从理论上预言了晶格中杂质有关的 X 光漫散射和晶体光学振动的唯象理论，被称为"黄散射"和"黄方程"；他提出并发展了由晶格弛豫引起多声子跃迁理论"黄－佩卡尔理论"；他提出了有效解决半导体超晶格光学振动模型，并阐明其光学振动模式的要点，被称为"黄-朱模型"。

新中国成立后，1952 年他就响应祖国召唤回国，就职于北京大学物理系，1953 年给我们的讲课也是他回国第一次登上讲台。从此，耕耘不息。他为了专注于人才培养，全身心付诸于教学，暂停了他的科学研究工作。

听黄昆先生讲课是一种享受，他思维逻辑严密，物理图像清晰，语言风趣而流畅，我形容听他的课如高山流水，清晰心间。

后来，在我们比较熟悉以后，他告诉我：讲一堂 1.5 小时的课，他的备课时间则需要 10 小时。当时听他的课，没有书，全凭我们记笔记，十分可惜的是，这些笔记都在我 1958 年下乡劳动锻炼之时，储存在红三楼阁楼而被偷了！

在将近两年学习普通物理课期间，有一次考试经历使我至今铭记不忘。当时采用口试方式，即进入考场先抽取被考的题目，然后在教室里做半小时准备，按号进入考试小教室。主考人是黄昆先生。我答题后黄先生问我："你是否当过教师？"，我说没有，那次口试他给了我一个"优"，这也许是我后来能留校当教师的一个因素吧！

1956 年周总理亲自主持我国十二年科学规划。半导体与计算机、核物理、电子学和自动化被列为重点发展的五大学科。记得我当学生期间第一次参加科学讲座，就是由他和王守武先生等主持的苏联专家主讲的"光电池的半导体理论"，黄昆先生鼓励我，能参加这样的学术活动很好。由此把我引导到半导体专业领域学习。

1956 年，根据中央精神和教育部的决定，由五校即北京大学、复旦大学、厦门大学、东北人民大学（吉大前身）和南京大学的半导体专业老师、高年级学生和实验室装备全部集中到北京大学，举办由五校联合的半导体专业，分别由黄昆、谢希德任正副主任。实验室则由北大黄永宝教授和刘士毅教授（厦大）任正副主任。清华大学派了八位学生旁听，南开大学也派了部分学生参加。连续两年培养了近三百名毕业生，其中又以北大学生为主并选拔了其他四个学校中的少数大四学生，成为五年制学生。我有幸成为我国半导体专业的第一批学生，这批学生毕业后，大都成为我国半导体和集成电路的学术带头人和骨干。所以学界把这一由中央决策、五校在北大联合举办的半导体专业称之为"半导体的黄埔军校"。在联合半导体化专门化班上，由黄昆、谢希德共同主讲半导体物理、固体物理，对五年制的学生，又增加了一门半导体理论。在讲课时也没有现成教科书，全由他们讲课，我们学生记笔记。直到两年后才有黄昆、谢希德合著《半导体物理》和黄昆著《固体物理》书的出版。

现在媒体上随意地称××人为我国半导体教父，××人为我国集成电路芯片教父，他们既不懂中国半导体和集成电路发展历史，更没有严肃的学术态度。真正可以称得上我国半导体事业奠基人的是以黄昆先生为代表，包括王守武先生、林兰英先生和工业界的乌尔桢先生等老一辈科学家。

▲ 北大 1958 年物理系五年级半导体班的毕业合影

　　1958 年我从北大物理系毕业，毕业后又在他领导下的半导体教研室工作，成为北大半导体教研室的一员。黄昆先生为我的指定的学术发展方向是半导体器件，所以我第一个研究项目是 PN 结物理问题研究。此后"文革"期间，我们一起在北大昌平 200 号基地从事集成电路的开发研究。直到他按邓小平同志指示精神，离开北大到中国科学院任半导体所所长。因此可以说，他不仅是教育我时间最长，也是一起工作最久的恩师。

　　黄昆老师严谨的治学态度和卓越的对物理学深入剖析及其逻辑思维能力，以及一切从实际出发、求真求实的科学作风，对我一生的治学、做人与育人，都有着深刻的影响，是对我影响最深的一位老师。下面忆叙的只是几个点滴的事例：

　　一、学习物理，首先要有清晰的物理图像。从中学到大学，不仅学习内容，而且学习环境、思维方式都有重大变化。一开始往往是不适应的，有点迷茫；包括在学习半导体物理时，就电子和空穴的概念我们同学间讨论中也争执不下，这时黄昆老师就指点我们："学习物理，不管是学习课程掌握概念，还是以后研究工作，首先要对面对的物理问题有一个清晰的物理图像，而不要匆匆忙忙就去解题，做计算"。这一思想对我一生都有重要影响。我记得在研究 PIN 天线开关管时，其物理特征是"Ｉ"层，它的厚度决定了器件特性，同样在研究 CMOS/SoI 时，其物理图像的特征是在硅即衬底上有一绝缘层"SoI"（Silicon on Insulator）。抓住这一特征就能深入研究 CMOS/SoI 器件和电路。到现在，我指导博士生工作时，在选题或中期考试、预答辩等各个教学环节中，我都首先要求学生给出一个清晰的物理图像和对它的分析，然后再给出计算结果和实验结果。

二、书读多少，学问做得多深？都要与自己能力相适应。当我留校任教时，他一方面将我的研究方向定为"器件物理"，另外一方面建议我系统地读几本书。我记得我读了英文版的 N.Collion（North Carolina 大学教授）的《器件物理》和 Simon Sze 的《器件物理》（当时有东北研究所的中译本，把施敏的名字都错译为史西蒙了）和后来 A.S.Grove 的 *Physics and Technology of Semiconductor Devices* 等著作，而在研究 PN 结物理时，读了很多文献，其中 C.T.Sah 的文章占了相当一部分。我最早开始指导的三名物理系六年制本科毕业生论文（那时我们没有研究生，六年制其实已是本硕连读了），其中许铭真做的 PN 结正向电容分析，论文审稿人就是黄昆先生，他对许铭真论文评价不错，认为他看的文献也真不少。另一位学生（后来分配到上海器件五厂）做的 PN 结正向电容的测量，审稿人是黄永宝先生，黄永宝也给予他很高的评价，工作细致，结果可靠，虽然读的文献并不多。黄昆后来对我们说："书不是读得越多越好，学问也不是做得越深越高，而是要与自己的能力相适应。"我对他说，此话很有哲理，但也只有您这样大师的人才敢讲，因为您在晶格动力学方面的开创性已无人可及。但后来领悟到这一哲理的关键之处，是自己的驾驭能力。书为海，文为山。而且是不断加深的海，不断加高的山。你用一辈子去读它都是不可能读完的，问题是读书、做学问都要自己能驾驭它。所谓驾驭它，就是主动性与自觉性；你研究的学问，做得多深，都要能驾驭它，即能发挥自己的主观能动性；读书也是一样，进得去，出得来，能理出思维，有能力分析它。这样你就能一分为二地去看待它。在攻克你的研究领域时，充分发挥自己的主观能动性就能得到创造性的结果。这一哲理思想在指导我从事多晶硅薄膜物理——电学性质和氧化动力学方面的研究中，充分发挥了指导作用，因而能得到前人所没有得到的结果。

黄昆先生这一关于读书与做学问的哲理名句，我也将它传授给我们的年青一代。

三、培养年轻一代，是我们教师的崇高使命，再困难也要坚持。黄昆先生从英国回国，由于教学任务的需要，他毫不犹豫地把科研工作暂时放在了一边，全心全意地投入大学普通物理的教学工作中。可以这么说，一名教授讲课能在如此多的学生中被如此长久地铭记在心里，确实不多，但黄昆先生正是杰出的一位。

关于我们授课的情况，我已在许多场合讲过了，写过了。今天我想主要说一下他在最困难的"文革"时期如何诚挚地执教于工农兵学员的。

应当说像他这样一位学术大师，不让他从事本身专长的基础理论研究工作，而硬要让他去搞他并不喜欢也并不熟悉的半导体器件和集成电路工艺技术工作，这本身就是一个很"残酷"的事实。

从 1969 到 1977 年黄昆先生调任中国科学院半导体研究所所长之前，中国高等教育正处于一个特殊时期。在招生方面，全国取消了高等学校入学考试，生源来自基层推荐，入学学生的水平严重参差不齐，有些学生的实际水平不足初中毕业。在教学方面，当时推行以任务带教学，实行所谓边干边学、干中学的方针，完全打乱了正常的课程体系。赵宝瑛教授回忆说："为使学生能准确理解晶体管的工作原理，并能掌握器件研制中关键参数的控制，学生们必须掌握 pn 结中电场分布和电势分布等基础知识，分析这些概念的标准工具是解空间电荷区的泊松方程，但当时的学生们没有相应的数学基础，为了讲清这些物理概念，黄昆先生借助高斯定理，通过'数'电力线'条数'的形象方法，非常直观简捷地解决了这个问题，他还自做教具，在手摇静电发生器圆球上贴纸条，球带电后纸条沿电线方向张开的图像，使学生对电场和电力线等抽象概念有了一个准确的形象。黄昆先生深入浅出的讲授调动了各种水平学生的极大兴趣，产生了非常好的教学效果。"

甘学温教授回忆说："黄昆先生为了讲好每一堂课，晚上经常备课到深夜。他备课不需要看书，自己一面吸烟一面思考，然后写下讲稿。有时准备一次课要吸一两包烟。他还和其他教师一起自己动手刻蜡板，用油印机印讲课资料。最突出的是他能深入浅出地把复杂的原理讲明白。例如讲数字集成电路课时（当时讲通用的'TTL-晶体管-晶体管逻辑'电路），他把电路的瞬态特性分成4个阶段分析，使学生能够理解复杂的充放电过程。"

🔺 黄昆先生在给工农兵学员上辅导课

四、宏微交替、物穷其理。黄昆先生对科学研究和教书育人的严谨求索精神是大家都熟知的。2002年教师节，我们微电子学研究所改制为微（纳）电子学研究院并成立微（纳）电子学系。在此之前，我和韩汝琦教授一起去拜访黄昆先生，向他汇报当时微电子学研究正在向纳电子学过渡。21 世纪初将像 20 世纪 30 年代物理学一样，面临着信息科技的重大突破的机遇和挑战。微纳电子学是一支新兴的与交叉性的技术学科；集成电路产业是国家重大的战略性基础产业。我们北大微纳电子研究院将根据国家重大需求和科学发展前沿，着重于应用基础和关键技术研究，并致力于产业化，希望他题一个词，并请他出任微纳电子学系名誉主任。当时黄昆先生身体已不大好，但是他想了一想之后还是痛快地答应了。他给的题词是："宏微交替，物穷其理"，并在 2002 年 9 月 10 日教师节那天出席了微电子学研究院和微电子学系的成立大会。在会前休息室里，我给他看印出来的题词，他诙谐的说："你知道，我用了整整两个星期时间才想出来和写出来这一句话。"

　　黄昆先生的"宏微交替，物穷其理"有着十分深刻的含义，包括着多层次的哲理。科学的发展是永远不会停止在一个水平上的。微电子向纳电子的发展，目前的趋势一是自上往下按比例缩小的 Scalingdown；一是从下而上的基于原子分子自组装的 Bottomup；二者会合点，很可能是突破点。集成电路的发展总是要适应系统应用的发展需要，所以在研究集成电路新器件时一定要有系统的大局观。对于一个学术领导人来说，除了从事自己手上的具体科学研究项目，必须有胸怀国家战略需求和科学发展的大局观。黄昆先生告诫我们研究方法上要宏微交替，研究问题一定要物穷其理，不浮躁，也不能一知半解，一定要追根寻源，把科学问题和技术问题彻底搞明白。黄昆先生的"名言"是一种精神力量，对我们的教学、科学研究工作和做人、做学问都有着超越时空的指导力量。

黄昆先生寄厚望于年青人，他看到北大微纳电子学研究院和微纳电子学系年轻一代成长起来非常高兴，在他身体已不大好的情况下，还与他们一起去相聚，鼓励他们。他对我说："未来看他们的了。"我相信，黄昆先生作为世界级学术大师，他的学识和品德，必将教育我们年轻一代为祖国需要、民族振兴和为科学事业的发展去奋斗。他的"名言"不仅启迪了我的一生，而且必将启迪未来一代代的青年学子。

🔺 黄昆先生参加北大微电子学研究院成立大会

人的生命总是苦短的，在历史发展的长河中只是一个短暂的浪花，只能各领风骚几十年。"滚滚长江东逝水，浪花淘尽英雄。""青山依旧在，几度夕阳红。"（杨慎，临江仙）

所以一个人的一生对社会、对人民的贡献决定了他的价值，而物理长度却往往并不是最重要的因素。

黄昆先生以他的一生在科学上固体物理学中创造的经典成果，以他在北京大学和科学院培养的我国半导体事业的学生，成为我国一代代半导体和集成电路事业的学术带头人和骨干，而成为我国固体物理学和半导体物理学的奠基人。

桃李不言，下自成蹊！

缅怀黄昆先生在半导体所建立的丰功伟绩

王启明

非常荣幸今天能够出席纪念黄昆先生诞辰100周年的纪念活动，黄先生是1977年10月到中科院半导体研究所工作，2005年7月去世，在半导体所工作了28年之久，我有幸在黄先生的领导和指导下，共事近三十年。黄先生作为中国半导体事业的奠基人，在北大工作期间，在高等教育战线上为中国培养了一代甚至几代半导体技术和研究方面的栋梁之才，黄先生到半导体所之后，对半导体所方向梳理、结构调整、学科建设和人才培养做出了卓越的贡献，奠定和巩固了半导体所在我国半导体技术研究中"火车头"的地位。今天的纪念活动时间有限，我在此回顾一些黄先生到任半导体所所长期间在半导体所学科发展和人才培养方面的一些事情，以小见大，感受黄先生作为半导体物理学界大师的风范。总结起来一共有以下三个方面。

▲ 1990 年黄昆在半导体所一号楼前

高瞻远瞩，大刀阔斧优化学科布局

　　1966 年开始的"文化大革命"终以"四人帮"的倒台而宣告结束，但国民经济，尤其在科技文化领域，受到严重的破坏，科技水平与当时世界水平差距很大。主持中央工作的小平同志，心急如焚，立即采取了一系列改革举措，其中就包括调黄先生到半导体所担任所长。黄先生到了半导体所之后，首要的任务就是优化半导体所的科研布局，使研究工作能尽快回到国际科研的主流。当时半导体所王守武先生是主持业务的唯一副所长，黄昆先生到半导体所后，受到王守武先生的热烈欢迎，两位老朋友终于走到一块，同在一个所长办公室，尽情交流，共同分析，对振兴发展我国半导体事业和建设半导体所勾画蓝图。后来经黄昆所长提出，院里又增补了林兰英先生为副所长。形成一组和谐、团结、奋进的三驾马车领导班子。林兰英先生组织能力很强，主动地承担了所领导的常务工作。使黄先生有更多的时间思考如何领导好半导体所。

由于十年动乱，科研工作受到严重干扰，急需梳理方向，调整结构，重组研究室领导班子。黄先生由科技处布置各位室负责人（"文化大革命"时取消研究室，改称连队。取消室主任，成立勤务组，由军宣队和工宣队指令负责人），认真准备依序向领导班子汇报。会后黄先生还亲自到实验室视察、询问、答疑，了解各研究组的工作状态和水平，更多的是了解业务骨干的素质。随后提出组建了以光电子能谱为基础的物理研究部，把原来七室的 MBE 组和激光物理组调整，充实加强物理研究部，同时将研室分类为：材料与材料物理室、光电子与器件物理室、微波器件物理室等。

中国科学院半导体研究所迁建工程国家验收会议合影

随后开始研究室主任的推荐与选举，主任人选由所领导提名，经无记名投票选出，我有幸被选聘为光电子器件与物理室主任。选任后的新室主任要在就任仪式中对该室的现状与未来构想做就职报告，并接受询问和答疑。此后定于每周五下午，室主任向领导（至少黄昆所长）汇报工作进展、存在问题、困难所在。从而黄昆先生紧紧地抓住全所科研的命脉，牢牢掌握住半导体所作为"火车头"的定位。

面向前沿，亲历亲为培养科研队伍

方向任务确立之后，另一个决定所里发展的关键就是人才。当时绝大部分科研人员都是本科优秀毕业生，但毕竟知识面不宽，解决问题和独创能力不够强，大部分工作线路跟踪国

黄昆在授课

外，黄昆先生据此情形，大刀阔斧，掀起了二次上学的举措，黄昆先生亲身上阵，主讲"半导体能带理论"的专题。急需提高的是研究室主任、课题组长，他用最形象的比喻、最简单的语言描述复杂深邃的物理本质。学问学问，就是有学有问互相切磋才能提高，大家提问积极，有时黄昆先生也反问别人，学习是认真的，气氛是热烈的。这批业务骨干从宏观到微观提升

了对物质世界的认识，对后来成果的质量提高起到了重要作用。与此同时，在黄先生的倡议下，激光研究室也自己举办以Pankov光电子学为蓝本，大家轮流主讲的人民战争模式。初、中级科研和管理人员则由我和沈光地、殷士瑞、陈鸣系统主讲黄昆、谢希德先生所著的《半导体物理学》，这些活动的开展激发了大家的科研创先的热情，对争取和完成六五、七五、八五攻关任务作出了关键性的贡献。

甘为人梯，不遗余力提携年轻人才

为继续巩固和提升半导体所的"火车头"引领地位，黄先生在着手培养提升现有科研团队的同时，还非常重视后续高质量优秀人才的选拔培养。要一直保持"火车头"的引领地位，就需目观四方，洞察国外半导体的发展态势。黄昆不仅高屋建瓴而且分类筛选。老的一批骨干毕竟受年龄限制，一门新学科的生长期至少十年。因此黄先生主持在不满30岁的科研人员中选派优秀人选出国进行前沿领域的合作研究。黄昆先生利用自己在欧美的声誉和友谊，联系国外相关研究方向的知名教授，推荐安排优秀后备人才进修学习，并一直与进修的年轻学者保持直接联系，即时指导。有的人才刚回了所，随即又二度派出学习另一门学问和接受交叉融合的训练。这些人才日后大都成了研究所的核心骨干，为半导所和国家半导体学科的发展奠定了良好的人才基础。

黄先生还非常重视半导体所领导班子的梯队建设，认真严肃、求实挑选和培育所长接班人。当时黄昆先生年纪刚50出头，按理说在向科学进军的大潮中正是他能够尽情挥洒聪明才智的时刻。然而他接到小平同志的指派，身为优秀党员的他自然要服从组织的需要，把党交托的任务努力完成，所长毕竟负有行政责任，要花费不少精力在组织管理上。

黄昆先生的思路是先当好所长，并尽快挑选考察培育新的人选，以能在研究所形成良好的传承。首先黄先生对研究室主任进行了精心考察。每周五下午的室主任工作汇报也为考察人才提供了一个绝好机会，能够了解到他们对该室研究工作的掌握深度和对待问题的分析判断能力。

当时黄昆先生脑子里考虑了三位室主任，许振嘉、梁骏吾和我，前两位之前已分别被派出到英国、苏联进修过，口语水平不错，而我完全是本土化从未到国外进修。为提高我们的英文水平，所里重要的外事接待都让我们参加。

说来奇怪，恰恰我这样的本土室主任，被黄昆先生摆在接班人选中的首位。

改革开放首先从科技领域开始，国家领导提出要重建研究所，于是部署了对科学院研究所逐个由所外专家组进行方向任务评审，我们所属第三批。第一批对上海光机所的评审，黄昆先生安排我作为所代表列席参加，自然从中学到了不少经验，回所后我立即总结并向黄昆所长汇报，提出若干建议。黄昆先生表示满意，由于事前的充分准备，半导体所在后来评议获得优秀。

20世纪70年代中后期，国门打开，许多科技界同仁纷纷提出来访并组织座谈活动，这类座谈会主方人数远多于客方，必须有人担任主谈，所党委和黄昆所长对我寄以重望，几次接待包括日本末松安晴，Sakai，美裔华人学者、Bells 实验室田炳耕，Bellcore 的李天培等都由我主谈，由此使我得到口语的实践和不卑不亢、实事求是、灵活处事的锻炼。

70 年代末，由于干部年龄老化，国家提出休岗政策，行政领导年限必须在 60 以下。黄昆先生正好 60 岁，王守武、林兰英先生也都过了 60 岁，王守觉先生为 58 岁，于是采用了过渡政策，由王守觉担任半届两年后，再进一步年青化。1984 年王守觉先生到了 60 岁卸下所长职务，当时我是他手下主管科技的常务副所长。在黄昆先生竭力推荐下报请院领导批准，决定由我接任所长。在合肥举办的半导体物理年会上我做了 "DH 激光器的光输出 Kink 与 AlGaAs 组分不均匀的多光丝效应本质研究" 的报告，得到了黄昆先生肯定。在当晚宴会中，我跟黄昆先生及普渡大学知名的物理学家范绪筠同桌就餐，黄昆先生对范绪筠介绍我："He is my successor"。

也在此时，由电子学会出面在北京组织了一个面向全国中年骨干的半导体激光器物理讲习班，分别由郭长志、杜宝勋和我主讲。我讲的是激光器光输出的瞬态特性。有一次郭长志与黄先生同车回北大，他在车上向黄昆先生夸耀了我讲课很好。黄先生对我的评价是 "王启明这人干一行像一行"。其言也有过之，应该说是 "组织上让我干一行，我会去尽力干好这一行"。

总括来说，黄昆先生的人才培养战略是：立足本土、面向世界、压以重担、就地成才。

虽然黄先生已经离开我们 14 年了，但是每每想起，以往相处的事情都历历在目，今天我们在此深切缅怀黄先生，更重要是要以身践行黄先生治学和做人的高尚情操和品质，继承和发扬黄先生的学术思想和精神。一代人有一代人的担当，希望我们能在黄先生的崇高风范和高尚情操的指引下共同努力，为中国半导体学科的发展献言献策，尽心尽力。为建设好现代化的社会主义强国贡献力量！

我敬仰的黄昆先生

郑有炓

我怀着崇敬的心情，纪念黄昆先生诞辰 100 周年。

黄昆先生是世界著名的物理学家，他对固体物理学做出了许多开拓性的重大贡献，他与 M.Born 合著的《晶格动力学理论》是一部有世界影响的固体物理学领域经典性科学专著。黄昆先生是我国固体物理学和半导体物理学的奠基人之一，引领了我国半导体超晶格低维半导体领域科学技术的发展，开创了我国半导体学科的教育事业。黄昆先生是杰出的教育家，他认为在中国培养一支科技队伍的重要性，远远超过个人在学术上的成就，他呕心沥血为国家培养一代又一代的科技人才。作为中国半导体学科的开创者之一，领导创办五校联合半导体专门化，为我国半导体科学技术发展做出了重大贡献。

我作为 1956 年五校联合半导体专门化的学生，从聆听黄昆先生的授课、教诲以及随后在工作上和各种学术活动中与黄昆先生的接触近半个世纪，他的高尚品格和道德情操给我留下深刻而难忘的记忆。

1956年，我国制定1956—1967年科学技术发展远景规划，即"十二年科学技术发展远景规划"，对科技发展作了重要部署，根据"重点发展、迎头赶上"方针，把发展半导体技术列入作为四项紧急措施之一（四项紧急措施包括计算机技术、半导体技术、无线电电子学、自动控制和远距离操控技术），决定从1956年秋季开始，集中北京大学、复旦大学、南京大学、厦门大学和东北人民大学（即吉林大学）五校物理系部分师生，在北京大学物理系举办"五校联合半导体专门化"，由国际知名物理学家黄昆（北大）和谢希德（复旦）两位教授分别担任联合半导体教研室主任和副主任，培养半导体专门化人才，先后于1957年和1958年，培养了两届半导体专业毕业生200多名。

图1　我国第一届五校联合半导体专门化毕业班师生合影

　　我是从南京大学物理系选派到北京大学物理系五校联合半导体专门化学习并于 1957 年毕业的学生。图 1 为我国第一届五校联合半导体专门化毕业班师生合影。学习期间，黄昆和谢希德两位教授共同讲授"半导体物理"这门专业基础课程，黄昆先生讲授非平衡载流子、半导体表面、半导体和金属的接触、pn 结、半导体中光的吸收和光电导等半导体非平衡过程的物理基础部分。黄昆先生学术造诣高深，功勋卓著，治学严谨，德高望重。走进课堂的是一位穿着蓝色咔叽布中山装，讲的是一口男低音标准京腔普通话，讲课经常以幽默、简洁的科学语言，突出物理概念，深入浅出把复杂的问题讲得大家都容易接受，聆听他的讲课真是一种享受！黄昆先生讲课中非常重视理论与实验相结合，从半导体非平衡态实验出发，建立非平衡载流子物理模型，从中引出清晰的物理概念，给出理论、公式，而且他特别强调，上课主要讲物理，数学问题课后解决。黄昆先生就是这样引导我们听课学生的思维，跟着他一步一步走进半导体物理世界。我毕业参加工作以后，因工作关系和学术活动与黄昆先生也有较多接触，记得有一次专程拜访黄昆先生谈到教学问题时，他对我们说"教学是培养人才，讲课也是做学问，讲一堂课，要花上 10 多倍的备课时间"。还记得当年他讲授半导体物理课时，经常下课后留下来征求我们听课意见，提出他对课程学习的要求，可见黄昆先生对教学极其认真负责。我深深感到黄昆先生是一位杰出教育家。

　　实际上，黄昆先生的教学风格也体现了他编著科学著作的风格。他与玻恩合著《晶格动力学理论》一书，玻恩为该书写的序言中就指出："黄昆博士坚信科学之主要目的在于社会应用，而我原先计划的抽象演绎表述方式不太合他的口味"，他认为"本书之最终形式和撰写应基本上归功于黄昆博士"（摘自北京大学出版社 2006 年重印的《晶格动力学理论》中文版）。夏建白院士在该书重印版的"重印前言"中对黄昆先生的科学专著风格作了很好的表述，认为黄昆先生"考虑到'社会应用'，从基本原理出发，从实验出发，逐渐深入到普遍理论。然后再用普遍理论解决物理问题，解释实验现象"（参见北京大学出版社 2006 年重印的《晶格动力学理论》中文版），这就是黄昆先生风格。黄昆先生以这种科学、教育风格为我国培养了一批又一批的半导体科技人才，为我国半导体科学技术事业的发展做出了杰出贡献。

黄昆先生编著了《固体物理学》、与谢希德教授合著的《半导体物理学》、与韩汝琦教授合著的《半导体物理学基础》。这些著作都以讲解透彻、精辟著称，成为我国固体物理和半导体物理领域的经典教材，对我国固体物理和半导体物理领域的高级人才培养做出了不可替代的贡献，对我国半导体科技事业的发展起到了关键而巨大的作用。

20 世纪 80 年代，正当国际上掀起半导体超晶格研究热潮时，黄昆先生高瞻远瞩引领我国开展半导体超晶格这一低维半导体领域的研究，他还耕耘在科研第一线，与合作者对半导体超晶格的电子态和声子模开展了系统而富有成效的研究，与朱邦芬院士合作提出的超晶格光学声子模型及准二维系统光学声子模的解析表达式被国际物理学界广泛接受，称之为"黄－朱模型"。1986年10月，为纪念五校联合举办半导体专门化三十周年，当年的五校部分师生重聚在北京大学举办了学术报告会，图2是与会代表的合影，前排左7为黄昆先生。会议期间我们受到黄昆先生如沐春风的亲切接见（图3）。

图2　纪念我国半导体专业创办三十周年学术报告会与会代表的合影

图3　如沐春风的亲切接见

黄昆先生在这次学术报告会上做了"量子阱中空穴子带"的学术报告（图4），在报告中针对半导体超晶格的迅速发展及其在半导体物理研究中的重要地位，他认为"可以预期其影响将不亚于40—50年代PN结物理的发展所带来的重大进展"（参见黄昆、谢希德等著《半导体物理进展与教学》，高等教育出版社，1989）。

▲ 图4　黄昆先生在会上做报告

黄昆先生提出了半导体超晶格的这一高瞻远瞩战略性见解，并在80年代在他的领导下中国科学院半导体研究所建立了以郑厚植院士任实验室主任的"半导体超晶格国家重点实验室"。随后，半导体超晶格研究又入选国家为推动基础性研究持续稳定发展，攀登世界科学高峰，于1992年开始设立的国家"攀登计划"，郑厚植院士任半导体超晶格攀登计划的项目首席科学家，本人作为项目专家组成员，有较多的机会聆听黄先生的科学教诲，受益匪浅，终身难忘。半导体超晶格攀登计划项目集聚了国内相关单位，组织开展半导体超晶格材料、物理和器件研究，并且每个年度还举办全国性的学术报告会，极大地推动了我国对半导体量子阱超晶格的深入研究，使我国在这一半导体前沿研究领域进入国际前列，带动了国内低维半导体材料、物理、器件的研究和产业的发展。

黄昆先生作为世界著名的物理学家，他对一切事情都是很严格、很严谨，以下两件事给我留下深刻印象。

1984年3月，我校和南京55所联合承办在南京召开两年一届的"半导体物理学术年会"，当时国际上掀起"聚乙炔半导体"研究热潮，黄昆先生应邀在会议上作"聚乙炔半导体"大会邀请报告。黄昆先生报告深入浅出，深受与会代表高度赞赏，我们拟在会议文集上登载他的报告内容，我与黄昆先生联系，他给我的复信说，"我那个报告并没有一个写好的稿子，只写了一些式子，所以无法给你登在会议文集。本来就是为了当时开会之用，属于一般介绍，登于会议学术论文集也是不合适的。"图5是黄昆先生给我的复信。

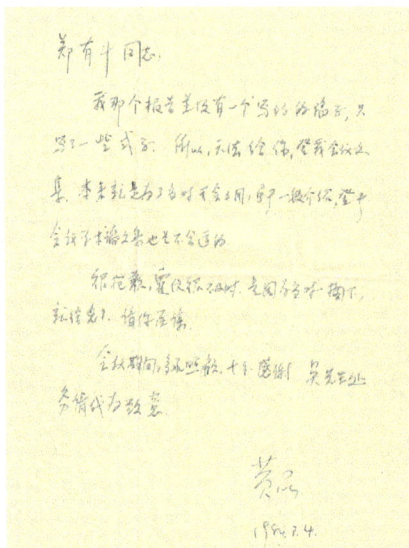

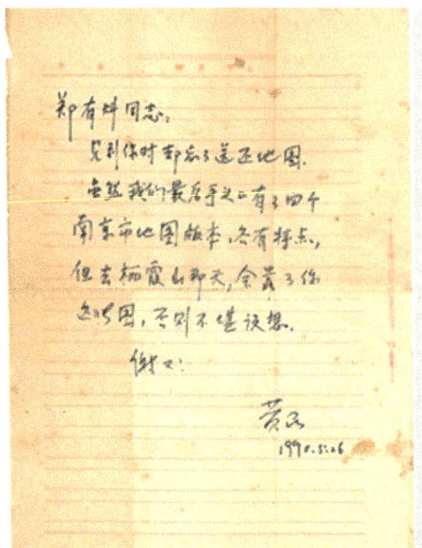

🔺 图5　黄昆先生给我的复信　　🔺 图6　黄昆先生的来信

1990年5月，黄昆先生来南京参加中国物理学会年会。期间，我建议他带他夫人李爱扶抽空到南京郊外逛逛，因为李爱扶是首次来南京，机会很难得。为便于他们出行，我给了黄昆先生一张较详细的南京市地图。会议结束后他回到北京，专此给我来信表示感谢，还说忘了把我给他的那张南京市地图还给我，信件见图6。

以上点滴事例，足以表明黄昆先生严谨的学风和实事求是的精神。

今天我们纪念黄昆先生诞辰100周年，我们要纪念他对科学与教育事业的贡献，缅怀他的高尚品格和道德情操，学习他严谨求实的治学态度和实事求是的精神。我们要以黄昆先生为榜样，砥砺前行，为发展我国半导体科技事业作贡献。

黄昆先生在北大

虞丽生

　　时光匆匆流逝，好似白驹过隙。昨夜的星辰一颗一颗地陨落，转眼间黄昆先生离开我们已经十四年了。星星虽然陨落，但这颗星星的光芒却永存在科学史册上，也永留在我们所有后辈的心中。

　　我虽然不是黄昆先生固体理论方面的嫡传弟子，但我是他最早的学生之一，后来在北大共事几十年，有过许多接触，五六十年前的记忆依然清晰。我是应该把它写下来，让年轻人能够看到一个有血有肉的黄昆先生，而不只是一个伟大的标签。

　　1951年我考入老北大物理系，黄昆先生是秋天以后才从英国回来的，所以我们那届的普通物理课程是朱光亚授课，赵凯华做助教。黄昆来了以后给研究生开了讲习班。当时的老北大物理系的人数很少，四个年级的学生加起来才只有60多人。朱光亚不苟言笑，课上课下都是一脸的严肃，眉头紧锁。黄昆比较活跃，喜欢开玩笑，说话幽默，批评人也是幽默带着挖苦，所以学生和他接近没有什么顾虑，很随便。那时北大理学院在景山东街的一座王府里。系里教师并不多，单身教师都住在王府最后一进的小院里，就在我们实验室后面。1951年的冬天，学校开展知识份子思想改造运动，师生混编，我刚好和黄昆先生编在一个组里，还有张宗燧、胡宁等教授。朱光亚是没有参加的，他被调到朝鲜前线板门店去做翻译了。开会都在这些单身教授的房间里。当时我就是一个刚满17岁的孩子，好奇又好动，他们在作批评和自我批评，而我只是睁大了眼睛听这些好玩的故事。因此也就和这些年龄比我大一倍的老师们混得熟了，在以后的接触中常常也会口无遮拦，没大没小。黄昆先生那时就表现得很进步，他在思想上也是努力提高自己的认识，适应新中国的环境。他那时已经有了英国的女朋友，是他在利物浦大学的同事 Avril Rhys，他们曾经共同发表过关于 F-center 的文章。黄昆那本经典著作《晶格动力论》也已基本写完，他也能预见到这本书会奠定他在固体物理学界中的地位，留在国外发展是前途无量的。但他抱着要为新中国的建设大展宏图的决心回国了。1952年的春天，Avril Rhys 一个26岁的英国姑娘，孤身一人飘扬过海来到在西方人看来完全未知的一个国家，这需要多大的勇气啊！爱情的力量太伟大了。她先到香港，由黄昆的大哥黄燕替她买好到塘沽的船票，黄昆到塘沽去接的。到北京以后在北京饭店住了三天，就和黄昆完婚，搬到那个黄昆的单身宿舍里安家了。从此以后他们琴瑟和谐，风风雨雨，相濡以沫53年，直到黄昆2005年去世。

🔺 黄昆先生的结婚照

🔺 1989 年黄昆七十大寿，与夫人一起吹蜡烛

1952 年院系调整，北大搬到燕园，黄昆就教我们下一届 1952 入学的普通物理。他一心一意钻研教学，把北大的普通物理教出了一个样板来。我们三四年级时的固体理论课程和半导体物理课都是黄昆教的。所有听过他讲课的人都说听黄昆讲课

——纪念黄昆先生百年诞辰

简直是一种享受。他首先把物理概念交代的非常清楚，使学生的脑子里有一个清晰的物理图像，然后再用数学的公式严格推导。他讲课和做学术报告，即使是这个领域里的外行也能听明白。我在北大工作几十年，国内国外听过无数的课，没有一个人能把课讲得那么好。这不是技巧问题，是学术水平功夫深厚。他备课是花很多时间的，是把物理问题吃得很透，有十分的底子才能够在课堂上用通俗的语言表达出三分来。就拿教普通物理那段时间来说，他还在《物理通报》上写过多篇文章交流钻研教学的心得。

给我们讲固体理论课时来了很多旁听的人，大的阶梯教室都坐满了。正经的北大学生反倒要早早地去抢占位置。他讲课时如行云流水，一环扣一环，听课的人真的很享受地把知识学了。1954年我听这门课的笔记记了两大本，一直保留到今天。

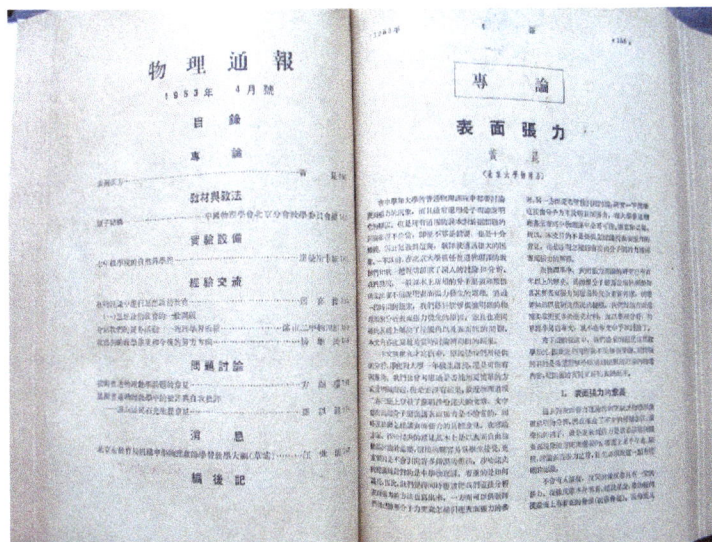

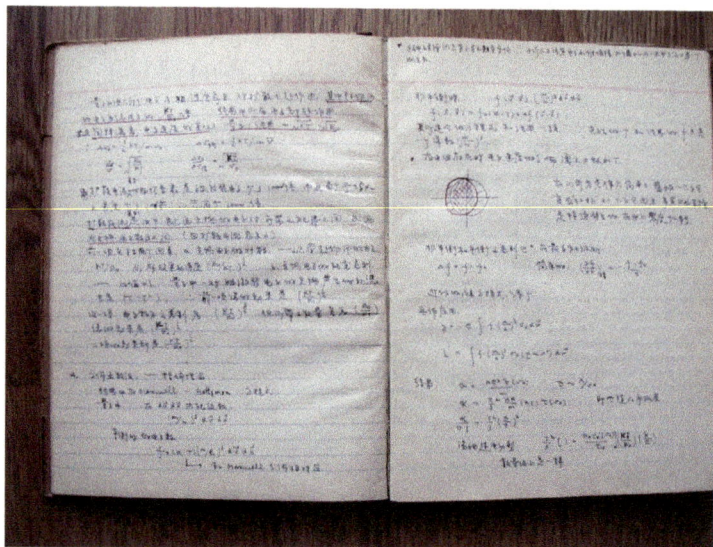

▲ 听课笔记

　　黄昆先生对世界前沿科学的发展也极为敏感，美国的肖克莱、布拉坦和巴丁等人发表了半导体晶体管的放大现象，他很快就看到了这一领域的重要性。1954 年就在北大物理系物理专业固体物理专门化设立了半导体方向，学生十人，我就是这第一届半导体方向的学生之一。

🔺 作者 1955 年的毕业照，坐着的是黄昆，蹲在他旁边的唯一的女生就是本文作者

　　同时他还和王守武等专家一起，在国家十二年科技规划中特别提出要集中力量快速培养出一批半导体的技术骨干。中央批了，由北京大学、南京大学、复旦大学、厦门大学和东北人民大学（现在的吉林大学）的三年级学生中选拔出一批约两百多人，以及一些教师集中到北京大学办一个五校联合的半导体专业（当时叫做专门化），从 1956-1958 年，积累经验，然后各校回去各自办半导体专业。当然这个重任就落到了黄昆自己

的身上，他担任了教研室的主任，从人员的调动组织到课程安排到教学大纲和科研的方向选择等各方面，黄昆都亲自过问和参与。同时他主讲了固体物理课程，还和谢希德联合主讲了半导体物理课程，编写了中国第一本《半导体物理学》的书，于1958年出版，这本书在一段时间内成了各校半导体专业的教科书。这样大的工作量让他十分疲劳。他常常夜里工作，就用抽烟来提精神，养成了大量吸烟的习惯，也损害了他的健康。有一次早晨看到他带了一顶帽子来上班，他突然把帽子一掀变成一个光头。大家十分诧异，问他，他说就一夜之间头发全部掉光，大概是鬼剃头吧。不过他还幽默地说，这倒好了，不用再花时间理发了。在这期间，他的那本《晶格动力论》也在中国出版，并且得到了一等奖。拿到了奖金，我们每人获赠一本，他还请我们全教研室的人到全聚德热热闹闹地吃了一顿烤鸭。

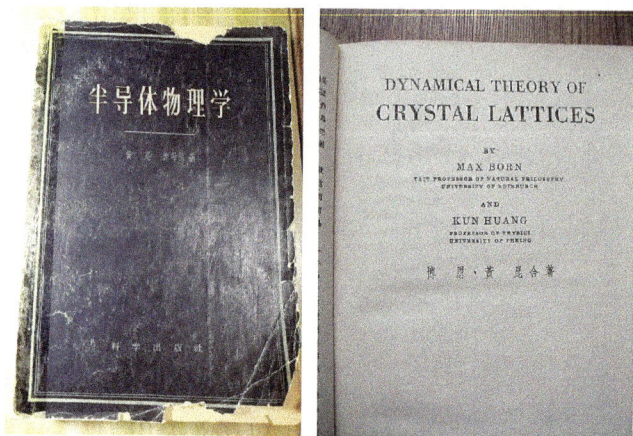

🔺 作者保存至今的两本书

在这期间教育部为北大请了一位苏联专家来进行半导体实验方面的研究工作。我就被派去做了苏联专家的全职俄文翻译，包括讲课、报告会、和专家指导的学生的讨论会、专家和黄昆之间的工作会的翻译工作。虽然我们都很清楚，无论是名气和水平，黄昆都比专家强得多，但他对苏联专家还是十分尊重，对其工作也很支持，建立了良好的关系。他和系里其他的苏联专家也建立了很好的友谊，例如瓦西里耶夫、科诺瓦洛夫和谢曼等专家。

在火车站送谢曼专家回国，前排蹲着的右起第二人是黄昆

五校联合半导体专业这一个战略性的举措为我们国家半导体事业的发展起到了无可估量的作用。办学的时间也是非常及时的，当肖克莱等三人 1956 年得到诺贝尔奖的时候，我们的联合半导体专业已经开办了。这批学生有 1957 年毕业的，也有 1958 年毕业的，他们分配到全国各地，像种子一样在全国各地全面开花，推动了我国的半导体事业的发展。30 年后，1986 年

我们又重聚在一起，每个学生都是各地半导体企业和学校半导体专业的领军人物。而由他们又培养出一代又一代的半导体人。还要说明的是：清华大学也派了 8 位学生旁听了我们的主要的课程，后来也都成为清华的骨干。

与五校联合半导体专业学生合影，第二排左起第 8 人是黄昆

黄昆自己是做固体理论研究的，但是他很重视实验研究，尤其重视实验室的建设。他经常说，实验工作才是根本，我们根据文献开了晶体管原理的课程，讲晶体管课的人都没有见过晶体管。我们一定要自己做出晶体管。五校联合半导体专业结束以后那两年，北大着重进行了实验室的建设。除了苏联专家在的时候就建设的同位素扩散研究实验室外，由莫党领头建设了硅单晶提纯实验室，首先解决半导体的材料问题。同时也开展了晶体管的实验研究工作。

🔺 五校联合半导体专业教师合影，前排左起第 7 人是黄昆，第 8 人是南大熊子敬，
　　第 10 人是谢希德，后排左起第一人是本文作者

🔺 三十年（1986 年）后又在北大重聚，前排中间花篮后面是周培源和彭佩云，右面
　　是谢希德，周培源左面是陆平、黄昆，周培源后面站着的是作者

　　那些年经历了大跃进、三年困难时期，等我 1963 年底留苏回来又回到教研室工作时，黄昆先生正在筹办成立固体能谱研究室，我就参加了磁共振实验室的建设。在建的还有晶体光学的研究室。北大校长陆平对黄昆的工作也是大力支持，陆平曾说过，好人好马好枪先给黄昆。所以黄昆让我组织人手到清华大学、天津大学等工科院校招一批大学毕业生。他认为工科院校的毕业生动手能力强，可以更快地把实验室建立起来。同时也到中专招一批实验员，配套把实验室运转起来。设备也是自己设计在外联系合适的工厂做起来，一切都从自力更生的精神出发。正当我们热火朝天干起来的时候，好景不长，"四清"运动开始，山雨欲来风满楼，学校里变得十分不安定，紧接着"文化大革命"开始，一棒打得人们晕头转向。漫长的十年动荡使这些努力都化为泡影。黄昆也受到了猛烈冲击。直到"文革"结束，邓小平一句话把黄昆调去了半导体所，开始了他的第二段征程。

　　黄昆先生是固体理论方面国际上的顶尖人物，可是他几十年来带的研究生很少，算下来不出十人，真正毕业的人数更少。他选嫡传弟子条件非常苛刻，必定是他真看得上眼的才行。我问他为什么不多带一些，多培养一些人才，自成一个学派，别人都一大波一大波地带研究生呢。他的回答是，顶尖的理论人才是需要，但不用太多，要少而精。需要更多的是实验工作做得好，又有较高理论水平的人。这也许是他对科研工作人才结构的想法吧。

　　黄昆自律很严，一家人的生活也极为简朴。记得 1952 年院系调整时系里要给他的夫人安排工作，他的夫人在英国的大学毕业，起码也得是个助教吧。但黄昆坚决不同意，只同意安排一个实验员的工作，他说因为她中文不好，没法做教学。黄昆为他的夫人起的中文名字是李爱扶，有人问他为什么，他说按照英文的发音起的。他的第一个研究生曹昌祺给他开玩笑地说，直接就叫李爱夫好了。我说爱丈夫，还要扶养孩子这才全面。黄昆笑着说，你们就胡说八道吧。抬腿就走了。李爱扶很努力学习中文，进步很快。记得50年代中期，我毕业以后留在半导体教研室工作，那时他们已经有了两个儿子，都还很小。黄先生教学任务繁重，常常夜以继日地备课、讨论。李先生除了工作外还要承担起全部的家务，同时学习中文说和写。有一次我去她家，和黄先生讨论完了教研室的事，就走到他们的大房间里去看看李先生和孩子们。只见两个孩子在床上玩，一个在蹦，一个在爬，一床的小纸片和旧照片，而李先生自己坐在书桌前，一笔一划地在小学生用的小方格本上练习汉字，写得非常工整。为了李先生更好地掌握中文，他们在家不说英语。因而两个孩子都说的一口地道的京片子，都是长大了以后才学的英语。50年代我在黄昆的家里见过黄昆的母亲，一个非常干净利索的老太太，当年黄昆大儿子出生时她六十岁，所以小名"庆六"。我知道她是大家闺秀出身，而且对儿媳妇要求很高。有一次，因为好奇，我没大没小地问黄昆，你妈妈对你娶个洋媳妇回来没有意见？黄先生说，她们关系好得很，我母亲非常喜欢她。这是真的，像李先生这样的贤妻良母在中国人里也是极少见的。黄昆先生无论做什么事她都是无条件地支持，而自己一个英国大学物理系本科的毕业生，甘愿勤勤恳恳只在实验室里做了一辈子的教辅的工作，拿着微薄的薪金而毫无怨言，在中国有几个人能做到？黄昆先生能够全身心地投入到工作中，对中国的半导体事业做出重大的贡献，可以毫不夸张地说，其中的功劳有李爱扶的一半。她工作中和生活中待人真诚，没有任何私心，完全不关心名利，不追求甚至是讨厌追求名利和享受，生活简单而快乐。和她接触过的人都能感觉到，她的善良和真诚不是刻意做出来的，而是来自她的内心。她在物理系的人缘之好胜过所有的中国人。"文化大革命"时期，黄昆先生受到冲击，但是物理系没有一个人说李爱扶一句坏话，没有一张大字报是针对她的或是捎带上她的。

他们家自从 20 世纪 50 年代初搬到北大中关园那个 70 平米的房子里以后一直就住到去世，虽然后来科学院在黄庄给了他们一套五间的院士房，也只在黄昆逝世前两年，因为黄昆坐轮椅转不开又下不了楼，才去住了两年。我曾经去探望过，几乎所有的房间都是空的，只有几样家具及床和桌子之类。黄昆去世以后李爱扶马上就搬回了中关园，直到 2013 年去世。

黄昆去世后，2007 年春节聚餐时我坐在李先生的旁边，闲聊时我问她，你是不是要回英国定居了？她说，我为什么要回去，我是中国人，这儿才是我的家。她早已把她的心和一切融入了中国。她在中国 61 年，凡是接触过她的人对她的品德都从心中钦佩。2013 年，87 岁的李爱扶先生在中国离世。

有一次我听半导体所的同志讲他们有些怕黄昆，其实黄昆是很随和的，60年代初期黄昆家里有一台苏式的黑白电视机，凡是有重大节目，教研室年轻教师都涌到他的家里看电视，房间里挤满了人，许多人就爬到他家的大床上，还有人甚至站在大床上。当时我不在国内，后来听陈辰嘉说起这事，我说，我就已经够放肆的了，你们比我还疯狂。教研室的年轻教师林福亨得了肺结核，在北医三院动手术失败，生命垂危。是黄昆设法把林转到阜外医院重新手术，同时黄昆用他那本书的版税在英国托人买回来特效药才救回了一条命。林福亨总说黄昆是他的救命恩人。

黄昆对香山情有独钟，一有空就要全家去爬香山，甚至带着教研室的年轻人一同去玩。下图中前排左起第三人是黄昆，后排右起第二人是李爱扶，最前排的小孩是他们的两个儿子。

▲ 香山留影

1989 年黄昆七十大寿的时候北大物理系曾给他办了一个隆重的庆祝活动。系里决定要送一幅对联，请书法家写了以后送给他。他们找了一些人起草，拿来以后，无非都是什么人生七十古来稀，桃李满天下之类的。甘子钊打电话跟我说，你了解他，你写一个吧，反正你刚好摔断了腿，哪儿也去不了。我就按黄昆的经历，用白描的方式写了下面这几句：

渡重洋，迎朝晖，心系祖国，傲视功名富贵如草芥；
攀高峰，历磨难，志兴华夏，欣闻徒子徒孙尽栋梁。

这也是我对黄昆的认识的总结。没想到他们还真的就采用了。现在这副书法家写就的长对联已经被他的小儿子拿去保存了。1999 年黄昆八十大寿时王阳元牵头在小汤山九华山庄为他办了一个小型的庆祝会。吃饭的时候王阳元频频向我敬酒，让我再写几句，他们要用光刻镀膜印在硅片上送给黄昆。我一再推辞说江郎已才尽，没有这个能力了。后来回来以后忽然灵机一动，写下了四句话。他们采取了头尾两句刻在了硅片上：

一流学者誉全球
一代宗师惠千秋

　　这一个摆件现在保存在北大图书馆的黄昆专柜中。后来我见到黄昆时，我说你好好活着，到九十寿辰时再给你写一个。他说，好啊！可惜他86岁就去世了。现在他百岁了，我就写这篇文章深深地怀念他。

　　历史就是一代接着一代人的走过。他们这一代人已经走过去了，他们中的许多科学家为了中国的强盛，为了中华民族的伟大复兴所做的贡献和牺牲会永远记在中国的历史上。有一长串的科学家的名字，会成为中华民族后辈们的骄傲和榜样。我写这篇回忆文章也是要寄语现在的学子们，你们是幸运的，在老一辈科学家少年和青年时代，日本侵略者的铁蹄把中国踏得山河破碎，诺大的华北放不下一张平静的书桌。学生们只能流亡到西南求学，然后万里负笈出洋深造。新中国成立，学成的他们都义无反顾地回到祖国。白手起家，把新中国的各项科技工作搞起来。而我们这一代人童年也是在颠沛流离中度过，大学毕业后跟随我们的老师们一心要把科技事业发展壮大。但毕竟我们那时的国力有限，工业水平低下，国外禁运，所有的仪器设备都要自己动手设计和制造。纵使有再好的理论设想，没有实验的条件也无法实现。而你们是处在一个伟大的时代，中国已经具备了完整的工业体系，而且国门开放，和世界的交流频繁。相信你们一定能发挥中国人的聪明才智，继承先辈们勇往直前永不放弃的精神，把我们国家的核心科技掌握在自己手中，再也不会受制于人。半导体的学子们，中华民族的伟大复兴的重任在你们这一代的肩上，胜利也在你们这一代的手中。

黄昆先生的主要科学贡献 [①]

夏建白

　　今年是黄昆先生诞生 100 周年。黄昆先生是中国老一代科学家的典范，他在国外在固体物理领域取得了卓越的成就，新中国成立后立即回国投身于教育事业。他与谢希德先生一起开创了中国半导体事业，同时在北京大学建立了固体物理专业，为新中国培养了一大批人才。1977 年他调任中国科学院半导体研究研究所所长，与王守武、林兰英、王守觉先生一起带领半导体所独立自主地攻克难关，制造出一批国家急需的、国际禁运的核心元器件。他本人老当益壮，焕发新春，又在半导体超晶格领域做出了新的贡献。在他的带领下，半导体所超晶格国家重点实验室成为当时国际前沿的实验室之一。下面介绍黄昆先生的主要科学贡献。

[①]　本文转载自《物理》2019 年第 8 期。

1　国际固体物理学研究的先驱者

黄昆先生是在第二次世界大战刚结束时考取公费到英国留学的。当时国际上对固体物理的研究刚开始，这可以从历年的诺贝尔物理学奖获得者的研究领域看出。

年份	获得者	研究领域
1946	布里奇曼 Bridgman	高压物理
1947	阿普顿 Appleton	大气层物理
1948	布莱克特 Blackett	宇宙线物理
1949	汤川秀树 Yukawa	粒子物理
1950	鲍威尔 Powell	粒子物理（实验）
1951	科克罗夫特 Cockcroft	原子核物理
1951	瓦尔顿 Walton	原子核物理
1952	布洛赫 Bloch	核磁共振
1952	珀塞尔 Purcell	核磁共振
1953	泽尼克 Zernike	发明相衬显微镜
1954	玻恩 Born	量子力学
1954	博特 Bothe	发明粒子计数的符合法
1955	兰姆 Lamb	氢光谱的发现
1955	库什 Kurch	精密测定电子磁矩
1956	巴丁 Bardeen	发明晶体管
1956	布拉顿 Brattain	发明晶体管
1956	肖克利 Shockley	发明晶体管
1957	李政道 Tsung-Dao Lee	发现宇称不守恒
1957	杨振宁 Chen-Ning Yang	发现宇称不守恒

由表可见，从 1946 至 1957 年诺贝尔物理奖基本没有授予与固体物理有关的研究，说明当时只有一些个别的针对某一具体问题的固体物理研究，而没有系统的研究。如黄昆先生的导师莫特先生就研究了照相底板曝光过程中的电子过程，为此写了一本专著《离子晶体中的电子过程》。

　　黄昆先生是二战结束后去布里斯托当莫特研究生的第一个中国人，莫特提出了 2 个题目：一个是计算小角度晶粒边界的能量，第二个是稀固溶体中的溶入原子对 X 射线衍射的效应。黄昆先生选择了后者，因为他喜欢系统的理论。因为溶入原子和母体原子带隙的差异会使固溶体中原子的位置发生偏离。它的效应和热振动的效应是相似的。因此去除平均晶格常数的光衍射点以外，在衍射点附近还存在一定漫散射的分布。黄昆早在 1947 年完成理论工作，但没有实验验证。结果这一理论在 20 年以后得到验证，当时黄昆先生已在中国接受"文化大革命"的考验，直到几年以后他才知道这个结果。现在这种 X 射线散射方法已经成为检验晶体中缺陷或杂质的方法，称为黄 – 扩散散射（HDS）。

🔴 黄昆与"黄 – 扩散散射"实验的发现人德国 H. Peisl 博士（右）在讨论

2　极化子概念的首创者

　　黄昆在布里斯托大学当研究生时，知道了弗洛里希和莫特的一项工作，他们试图将晶体光学振动的微观模型与介电函数

结合起来。因此在茶歇时经常与弗洛里希讨论这项工作。黄昆
觉得他们搞的微观模型不能正确地描述其中带电粒子的运动。
因为不但正负粒子之间可以相互作用，而且这些粒子由于都是
带电的，电场会对这些粒子产生极化，使这些粒子本身产生新
的电荷分布而引起电场。所以这是一种自洽的关系。最后黄昆
于 1950 年首先提出了一对唯象方程，将宏观电场 $\boldsymbol{E}$、晶格离子
相对位移 $\boldsymbol{u}$ 和晶体的介电极化强度 $\boldsymbol{P}$ 联系起来，描述极性晶体
的长波光学振动，

$$\ddot{\boldsymbol{u}} = a_{11}\boldsymbol{E} - a_{12}\boldsymbol{u},$$
$$\boldsymbol{P} = a_{21}\boldsymbol{E} + a_{22}\boldsymbol{u}.$$

方程提出十多年以后，在实验上确实证实了这种耦合振动
的新的振动模式，并且给了这种振动模式一个新名词叫"极化
激元"或"极化子"（polariton）。这组方程成为研究固体中晶
格振动模与电磁波耦合的基础。由此发现了一种新的运动模
式——极化激元，此后又发现了许多新的与电磁波耦合的元激
发（激子、磁子、等离激元等），极化激元成为 20 世纪 60 年代
固体物理研究的热点，一般公认黄昆是这一概念的首创者，这
组方程称为黄方程。

3　首次提出一个严格的理论，处理晶体中电子-晶格相互作用，不用微扰论处理

在一般的极性比较强的晶体，如半导体中，电子-晶格相
互作用较弱，可以用微扰论处理。但在离子性强的晶体中，如
氯化钠等，电子跃迁将引起周围原子的弛豫。也就是电子基态

和激发态的"位形坐标"不同，电子跃迁过程中将产生或吸收多个声子，也就是多声子跃迁，因此微扰论就不再适用。黄昆先生在研究离子晶体中 F- 心的光谱时发现了这个问题。F- 心光谱是由离子晶体中的缺陷产生的，光谱不像通常晶体中的窄的光谱线，而是很宽的带。因此他理解到缺陷中心（F- 心）的电子跃迁伴随着周围原子位置的重新调整，也就是晶格弛豫。从数学处理角度，他提出位形坐标的变化，两个不同的位形坐标中，声子波函数的正交性不再满足，因此任意的声子数的改变是可能的。在这基础上黄昆发展了多声子跃迁理论。与此同时他还发展了无辐射跃迁理论，其中声子的发射或吸收补偿了电子跃迁的能量。这一理论是黄昆先生和他的夫人李爱扶先生合作完成的。其中他们引入一个重要的参量来描述声子的数量，称为黄 - 里斯因子。

4　将晶格动力学理论系统化，与玻恩教授合著的《晶格动力学》成为晶格动力学理论的"圣经"

在完成博士论文工作以后，黄昆先生有半年时间访问爱丁堡大学的玻恩教授。见面时玻恩就交给黄昆一份关于晶格动力学的非常不完全的手稿。玻恩提议，由黄昆和他合作完成这本书。结果这本书花了黄昆三年时间才完成。为了完成这本书，黄昆专门研究了力常数的 10 个不变性条件。正如玻恩在序言中强调的，这本书不是已发表结果的综合，而是重新组织的。关于黄昆先生在写这本书中所起的作用，可以从玻恩教授为这本书写的序言中看出。玻恩教授写道："本书的最终形式和撰写应基本上归功于黄昆博士。""黄昆博士坚信科学之主要目的在于社会应用，而我原先计划的抽象演绎表达方式不太合他的口味。因此他增写了几章比较基本的引论，这几章应易于理解；

而后再逐步引申至本书第二章的普遍理论。他同时也重写了我原先的内容，在很多方面使之更普遍化，并增加了新的章节。"因此这本书明显地带有了"黄昆风格"，而不是原来的"玻恩风格"。

▲ 1954 年牛津出版社出版的《晶格动力学理论》及北京大学出版社出版的中译本

5　半导体超晶格的声子模和激子态

　　这其中包括了：（1）发展了平面波展开方法计算超晶格的空穴子带。（2）在此基础上发展了严格的四分量的激子态理论。（3）最成功的是发展了超晶格光学振动模的理论，后来称为黄－朱模型。当时基于介电连续近似的唯象处理能导出超晶格光学模，而另一方面直接的晶格动力学计算需要很大的计算量。关于超晶格光学振动模在两种材料之间的边界条件有很大的分歧：一是静电边界条件，另一是力学边界条件。黄昆和朱邦芬提出了一个偶极振子模型，这个模型具有许多灵活（flexible）和非常称心（desirable）的特点来描述超晶格的光学模，同时与实际的微观模型比较，计算工作量大为减小。另一方面在长波极限下它又与介电连续模型相容。由这个模型得出的结果澄清了超晶格光学模的一系列基本问题。黄－朱模型与拉曼散射的实验工作的理论解释紧密相关，在这过程中黄昆发现这种工作是非常迷惑的（baffling），为此他和朱邦芬又一起发展了超晶格光学声子拉曼散射的细致微观理论。

▶ "黄－朱模型"的两位作者——黄昆与朱邦芬在讨论问题

今天我们纪念黄昆先生诞生100周年，我们应该向黄昆先生学习（这都是黄昆先生说的）：

（1）对科学的爱好、向往和追求，这对有志于科学研究的人来讲是非常重要的。国家历来希望，我们在基础研究方面要提高质量，要在国际上占有一席之地。要做到这一点，对从事这方面工作的人，首先需要有对科学不懈追求的精神。这种追求，不是口头上的而是要渗透到自己的思想中去，甚至于渗透到每天的生活中去。做基础研究的人，如果没有这样一种思想境界，在某种意义上讲，可以说不大像一个做基础研究的人。

（2）选择科学研究方向是非常重要的。黄昆先生说过："选择莫特做导师，也就选择了固体物理作为自己的研究方向，这是非常幸运的。而固体物理作为一门学科来讲，在 40 年代刚刚形成，以后有了很大发展，称得上是物理学在 20 世纪里最重大的一个新的学科的发展。我在那个时期进入这一大有作为的科学领域是很幸运的。其次就是导师莫特的治学风格，对我产生了很大的影响。跟他认识和接触以后，使我进一步认识到，从对科学的追求和到真正进入科研领域，是通过对一个又一个具体的科学问题的解决逐步发展的。"莫特教授面不是很宽，但他要求你集中全部精力来解决你所面临的问题。集中精力与否，是你能否做好研究工作的关键。"

（3）对于成才问题，从我（黄昆）的切身经历，体会出两个小道理：一是要学习知识，二是要创造知识。对科学研究工作的人来讲，归根结底在于创造知识。在学习知识上，我的实际体会是，不是越多越好、越深越好，而是要服从于应用，要与自己驾驭知识的能力相匹配。要做到三个"善于"，即要善于发现和提出问题，尤其是要提出在科学上有意义的问题；要善于提出模型和方法去解决问题；还要善于做出最重要、最有意义的结论。

黄昆与夏建白、王炳燊在一起

一个大写的人

——纪念中国半导体物理及固体物理奠基人黄昆先生百年诞辰 ①

朱邦芬

▲ 图 1　中国固体物理和半导体物理奠基人之一黄昆先生（1919.9.2—2005.7.6）。照片摄于 1992 年，是黄昆最满意的一张个人肖像照

2019 年 9 月 2 日是黄昆先生（图 1）百年诞辰。黄先生离开我们已有 14 年了。

黄昆 1941 年毕业于燕京大学物理系，1944 年于国立西南联合大学物理系获硕士学位（导师吴大猷），1948 年在英国布列斯托尔（Bristol）大学物理系毕业，获博士学位（导师莫特），之后任英国利物浦大学理论物理系 ICI 博

---

① 　本文由作者 2019 年 7 月 10 日在第 22 届全国半导体物理学术会议的报告整理而成，转载自《物理》2019 年第 8 期，略有改动。

士后研究员，并有一半时间访问爱丁堡大学玻恩教授，与他合著了《晶格动力学理论》。1951 年黄昆回国，先后担任北京大学物理系教授、固体物理教研室主任、北大复旦等五校联合举办的半导体专门化教研室主任、北大物理系副主任。黄昆 1955 年被遴选为中国科学院数理学部委员，1977 年起任中国科学院半导体研究所所长、名誉所长，曾先后当选瑞典皇家科学院国外院士、第三世界科学院院士、IUPAP 半导体分会委员、中国物理学会理事长。

《左传》有"太上有立德，其次有立功，其次有立言，虽久不废，此之谓不朽。"立德、立功、立言，是中国古代知识分子的人生目标，翻译成今天的语言是，做人要成为道德的楷模，做事要有益于国家和人民，做学问要有所发现有所创造，其中人格高尚是第一位的。我曾在多次演讲中介绍过黄昆先生的科学研究和治学，今天先简单回顾黄昆最主要的学术贡献及治学之道，再简述他为中国科技与教育发展立下的功劳，最后着重谈谈他的为人，以此纪念黄昆先生百年诞辰。

做学问

黄昆科研有两个活跃期。一是在英国的 6 年（1946—1951，图 2）。期间最重要的科学贡献包括：①提出杂质和缺陷引起晶体中的 X 射线漫散射的理论，后来经实验证实，被称为"黄散射"，或"黄漫散射"；②理论上为电子气屏蔽的"Friedel 振荡"打下基础；③提出一对唯象方程描述长波长极限时极性晶体中光学声子位移、宏观电场与电极化强度三个物理量的关系，被

🔺 图 2　1951 年在英国利物浦大学
做 ICI 博士后期间的黄昆

命名为"黄方程"或"玻恩－黄方程"；④提出晶体中的电磁波与晶格振动的格波横波会互相耦合，形成新的模式——声子极化激元；⑤建立在晶格弛豫基础上的多声子光跃迁与无辐射跃迁理论——"黄－Rhys 理论"（Rhys 即黄昆夫人，中文名李爱扶），是固体杂质缺陷束缚电子态跃迁理论的基石；⑥与玻恩共同撰写《晶格动力学理论》专著。这些成就，使他成为国际固体物理学界和晶格动力学领域的一位领头科学家。1977—1990 年黄昆迎来了研究生涯的第二个高峰。主要成果有：统一了 3 种不同的理论模型，解决了多声子无辐射跃迁理论的疑难问题；建立了半导体超晶格光学声子的"黄－朱模型"。

　　上述黄昆 8 项主要的科学贡献，除 X 射线漫散射理论和"Friedel 振荡"外，都与量子化的晶格振动格波（即声子）有关，主要研究对象是声子和声子参与的固体光学或电学等物理过程。即使 X 射线漫散射理论，也与晶格的非完整性有关。因此，黄昆曾多次谈起，他一生的主要研究领域是声子物理。毫无疑问，玻恩是晶格动力学的奠基人，但是在用量子力学重新系统阐述晶格动力学理论方面，在进一步研究声子参与的固体中各种物理过程，在声子物理学科的开拓方面，黄昆是国际最主要的开创人之一。为此，我曾用"声子物理第一人"作为

《黄昆传》(国家最高科学技术奖获得人丛书之一)的书名[1]，得到黄先生的认可。

黄昆在 60 年的科学研究和教学生涯中形成了极具鲜明特色的个人风格。黄昆的治学，如同他的为人，朴实、低调。他的名言，"学习知识不是越多越好，越深越好，而是应当与自己驾驭知识的能力相匹配"，充分体现了他的实事求是和朴实的风格。黄昆把自己一辈子的科学研究经验归结为"三个善于"，即要"善于发现和提出问题，善于提出模型或方法去解决问题，善于作出最重要、最有意义的结论"，令人深思，发人深省。

做事

黄昆一生做了两件大事。

其一，黄昆是公认的我国固体物理和半导体物理两个学科的开创人之一，特别是新中国半导体科学技术开创人之一。他参与制定了中国 12 年科学发展规划(1956—1967 年)，为重点发展我国半导体事业提出了具体规划及实施的紧急措施，其中最重要的一项措施是要尽快培养半导体专门人才。之后不久教育部决定，将北京大学、复旦大学、东北人民大学(1958 年改名吉林大学)、南京大学和厦门大学的有关教师，四年级本科生和研究生从 1956 年暑假起集中到北京大学，开办我国第一个半导体专门化培训班(还包括南开大学及清华大学本科生和旁听生 20 名)。专门化培训班由黄昆任主任，复旦大学谢希德任副主任，集中在一起的教师近 30 人。两年内，半导体专门化培训班建设了一系列从理论到实验的半导体专业课程，所培养的 200 余名学生，成为我国半导体事业的"黄埔一期"（图 3）。1977 年 11 月，在邓小平的直接干预下，黄昆担任了 6 年中国科院半导体研究所所长，而后一直担任名誉所长。他对提升半导体所的学术水准有着突出的贡献。黄昆是一位有远见的半导体物理的学术带头人。他很早就觉察到，半导体超晶格微结构作为半导体物理、材料与器件三者结合点，有可能成为半导体科学技术一个重大的发展，为此他团结全国相关力量，领头筹建超晶格微结构国家重点实验室，有力地推动了全国在这个新兴领域研究工作的开展。

▲ 图 3　1989 年，参加"祝贺黄昆先生 70 寿辰学术报告会"的当年"五校半导体联合专门化"学生与黄昆合影

　　虽然自己不研制半导体芯片，黄昆对我国半导体微电子产业的历程认真作了反思。除国内政治干扰和西方国家技术封锁外，国内多部门低水平的重复建设，投资分散强度低，基础材

料、工艺水平不过关，不重视产品的成品率和开拓市场等等问题外，黄昆还总结出一条教训：越是国家重视的学科，该学科的基础科学研究反而越容易受到冲击。1950年代的金属，1960年代的半导体，都是国家十分重视的学科。中国科学院集中全国精兵强将分别成立了金属研究所与半导体研究所，为国家的"以钢为纲"和"电子技术革命"战略打基础。但是，回过头来看，由于急功近利，作为学科基础的金属物理与半导体物理的研究，相对而言，长期以来却是受冲击最大的学科。这是因为，对于完成国家指令性任务，物理研究往往"远水解不了近渴"，而政治运动来了以后却常常首当其冲，动辄就被扣上一顶"脱离实际"的帽子。这样，刚起步时我们和国外研究水准相差不多，但由于不重视自己的原创性的基础研究和开发研究，跟在别人后面亦步亦趋，导致差距越来越大。在急功近利的今天，黄昆总结的这一规律值得我们引以为训。

黄昆做的第二件大事是长期在一线从事物理教学，为一代又一代物理学人才的培养打下了坚实的基础。基于教育是国家科学技术腾飞的基础，黄昆始终认为，在中国培养一支科技队伍的重要性远远超过个人在学术上的成就。在北京大学那些年，他的主要精力放在普通物理、固体物理、固体理论、半导体物理等课程的教学工作上。1978年初，黄昆任半导体所所长不久，就每星期抽半天系统地讲授现代半导体理论，帮助全所科研人员在大学本科学的半导体物理和研究第一线所需的半导体物理之间搭起一座桥梁，一连讲了10个月。黄昆把教学当作科学研究，精心钻研教学内容和方法。他讲课概念清晰，深入浅出，是有口皆碑的教学名师。

做人

爱因斯坦在《悼念玛丽·居里》的演讲中说 [2]:

在像居里夫人这样一位崇高人物结束她的一生的时候,我们不要仅仅满足于回忆她的工作成果对人类已经做出的贡献。第一流人物对于时代和历史进程的意义,在其道德品质方面,也许比单纯的才智成就方面还要大,即使是后者,它们取决于品格的程度,也许超过通常所认为的那样。

我幸运地同居里夫人有 20 年崇高而真挚的友谊。我对她的人格的伟大愈来愈感到钦佩。她的坚强,她的意志的纯洁,她的律己之严,她的客观,她的公正不阿的判断——所有这一切都难得地集中在一个人身上。她在任何时候都意识到自己是社会的公仆,她的极端谦虚,永远不给自满留下任何余地。

我认为,把这两段话用于黄昆先生,也是完全合适的。我和黄昆先生在同一个办公室达 15 年之久,几乎每天都跟他讨论问题,无拘无束,有幸成为世上受他教诲最多的一个人。黄昆先生生前,我撰写过他的小传 [1, 3],参与编过他的 70 寿辰纪念文集 [4] 和纪念 85 寿辰的《黄昆文集》[5],编过他的 *Selected Papers with Commentary* [6]。黄先生逝世后我也写过若干文章,包括评论他的经典著作[7]，回忆他的教书育人[8]，也曾就他1947年给杨振宁先生一封长信写过感想[9]。离开黄先生越久，我越钦佩他意志纯洁、公正不阿、珍惜国家科研经费、极端谦虚、学风纯正、严于律己、在任何时候的公仆意识，而所有这一切都难得地集中在他一个人身上。这些品质尤为我国科教界当前所欠缺和急需的。

1. 意志纯洁

黄昆在1947年给挚友杨振宁写了一封长信[9]。当时杨振宁在美国芝加哥大学攻读博士研究生，实验做得很不顺利，而原来自视甚高的他产生了disillusion的感觉。黄昆写那封信主要是鼓励杨振宁，说"successfully组织一个真正独立的物理中心在你的重要性应该比得一个Nobel Prize还高"，信中还有一句话："devotion to the cause的心也一定要驾于achieve自己地位之上"，这实际上也是黄昆的信念和自勉。

在信中探讨了当时他们最关心的一个问题：回国，还是暂不回国？ 一方面，"看国内如今糟乱的情形，回去研究自然受影响，一介书生又显然不足有挽于政局"；另一方面，"如果在国外拖延目的只在逃避，就似乎有违良心。我们衷心还是觉得，中国有我们和没有我们，makes a difference"[9]。这是一句可以与王淦昌先生"我愿以身许国"和彭桓武先生"回国不需要理由，不回国才需要理由"相媲美的名言，反映了中国老一代科学家救亡强国的精神。有此"一般维持思想的力量"，才使得他们区别于来自其他殖民地国家的留学生，才不等同于"高级技师"。这封信很有意思，充分反映了黄昆的献身精神、意志之纯洁和坚决。

事实上，黄昆也是这样做的。黄昆 1951 年底回国后在北大物理系任教，一直到"文革"结束，基本上没有继续从事他原先在英国开展的卓有成效的科研工作。在他获得国家最高科学技术奖后，媒体记者经常问他的一个问题是："你没把研究工作长期搞下来，是不是一个很大的损失？"黄昆并不赞同这一说法，"因为回国后全力以赴搞教学工作，是客观形势发展的需要，是一个服从国家大局的问题。"他还说，他是把教学当成科研来钻研，在教学中研究了很多问题，自己在教学中也得到了提高。更重要的，他带出了一大批学生，后来这批学生成为中国半导体和其他科学技术领域的重要骨干，他觉得自己教学的贡献并不比做科研的贡献来得小。其实，许多老一辈科学家当年回国也都抱着献身事业的雄心，如叶企孙"谋一研究科学之中心，以求中国学术独立"，华罗庚、钱三强等回国也旨在为中国数学、核科学技术的发展奠定基础，尽管对个人的科研成就带来一些影响。

2. 公正不阿

目前，国内科学技术界强调竞争，这对择优支持有积极意义。但是，一种不好的风气也在蔓延。许多学界领袖，包括众多院士、大学校长、研究所所长，过多地考虑本单位和本人所在的研究领域利益，常置大局不顾，很少从全国科学技术各个领域的平衡发展而考虑问题。黄昆总是从全局利益和学科合理的布局出发来考虑问题，从不为本单位、本部门谋取不合理的科研经费和设备，不为自己熟悉的人争取不恰当的利益。他曾说，跟他关系越密切的单位，跟他关系越密切的个人要吃点亏，因为他首先要考虑那些他不熟悉的领域和个人。夏建白是黄昆的研究生，又是半导体研究所理论研究组的组长，他曾向黄昆先生抱怨，国家攀登计划中，理论组分到的钱太少了，而理论组的贡献最大，然而这并不起什么作用。黄昆曾担任国家"八五"攀登项目的首席专家，他汇集全国所有从事半导体超晶格微结构研究的单位和个人，共谋发展，公平分配研究经费，而不是半导体所一家独大。今天我们特别需要这种精神。

黄昆评价一个人难免会有偏差，因为每个人都有自己的 bias。但是，他不以被评人与自己关系亲疏为转移，尽可能公平，丝毫没有国内某些人的门户之见，不为本单位、小团体争利益。他很少给人写推荐信，一旦要写，他都亲自动笔，意见尽可能客观，既不夸大，也不蓄意贬低。20 世纪 80 年代，经常有人请黄昆评奖，审查书稿，审阅研究生论文，后来发现，黄昆的评审意见总是不留情面，于是请他的人越来越少了。曾有一位北京大学研究生在博士论文中，对自己工作在学术上的意义吹得过高，黄昆毫不留情地在评审意见上指出这是学风问题，并很不客气地写道，导师应引起注意，加强对学生教育。北大是黄昆长期工作的地方，尽管他对北大很有感情，但爱之愈深，责之愈严。

3. 珍惜科学研究经费

最令我印象深刻的是黄昆强烈的社会责任感。他特别珍惜国家的科学研究经费。他这辈子只申请过一次国家自然科学基金，那是 1986 年从半导体所长位置退下来以后，他带领理论组 11 位研究人员，申请一个面上项目（为期 3 年），共 2 万块钱。这项基金项目完成得极好，出了多项有重要国际影响的研究成果，有力地推动了全国在半导体超晶格微结构这个新兴领域的研究。另一方面，他担任所长期间，由于国家重视大规模集成电路的研制，下拨到研究所的经费比较多。每当他拿到国家科委下拨的大笔经费时，他都如履薄冰，"睡不踏实"（这四个字是黄昆自己写的）。尽管这些经费不是黄昆自己用，而是研制器件和材料的研究室用，但他唯恐经费用得不合适，没做出预定的成果，浪费了人民辛辛苦苦省下的血汗钱。他经常说，基础研究，也应算一算投入产出，算一算为这篇研究论文所花的钱值不值。现在有的人明知道自己项目在学术上或在应用上都没有太大意义，不值得国家投入大笔经费，却以"不要问基础研究有什么用"为借口，宣扬"钱花在科研上，不管怎么花，总比贪官贪污要好"，千方百计套取国家的经费，摊子铺得很大，以量取胜。我想黄先生如果还在，绝不会赞同这种做法。当年他特别欣赏实验人员在自己独特想法的基础上，自力更生、因陋就简地搭建实验装置，再做出有原创性的研究成果。他对有些人只是依靠昂贵的"洋设备"，做些测量工作，很不以为然。他的一个朴素的信念是"做基础研究，花了钱就应该相应地在科学上作出贡献。"有的人把国家的钱不当钱，大手大脚浪费国家的科研经费，而对自己腰包里的钱精打细算；黄昆恰恰相反，特别珍惜国家的经费，对自己的钱却不太在乎。

4. 极端谦虚

黄昆得了国家最高科技奖以后，面对一些媒体的采访，他经常说"我是一个普通的科学工作者，没有什么神奇和惊人的地方。"他又说"我这一路走过来非常幸运，每个时期都是有着机遇，可以发挥自己的作用，不管有多有少，总是能使自己的力量真正使出来做点有用的工作。即使在1951年至1977年期间，他在北大几乎没有从事科研的机会，但是他觉得自己在教学中培养了一批人才，同样能把自己的才能发挥出来，也是命运给他的机遇。

黄昆的谦虚常捎带一点儿俏皮和自嘲。例如，回顾求学生涯，黄昆多次说到自己的中文不够好，耽误了很多事情："我的语文基础没有打好，多少年来，在各个时期，各种场合都给我带来不小的牵累（从早年的考试到以后的写作，以至讲话发言）。近年来，不少场合要你讲点话或是让你题词，我只能极力推辞，而主持人则很难谅解。这总使我想起中学语文老师出了题我觉得无话可说的窘况。"其实，黄昆虽然称不上演说家，但除非念稿子，他的讲话言之有物，没有八股味，而且很有幽默感；而他的中文文章虽短于抒情和描写，有时会带一些英文句式结构的痕迹，但条理清楚，论证严密，非常注意句子之间、段落之间和上下文之间的逻辑关系，句式表达十分有力，具有科技论文的典型风格。他偶尔对个别字的写法拿不准，自嘲为"容易接受菜场和食堂的新发明的简体字"。

5. 学风纯正

黄昆在学术诚信方面为我们树立了高标准的典范。他不仅不争个人名利，而且有些他做出实质性贡献的成果，只要他觉得自己的贡献没有超过一个阈值，他就拒绝署名。

"多量子阱系统中光学声子拉曼散射的微观理论"[10]研究工作，黄昆与我各用一种方法做了推导，两者结果一致，然后由黄昆撰写成文，论文一共有 40 多页，都是黄昆在家中用他的打字机逐字逐句敲出来的。黄昆在撰写论文时，把我作为第一作者，自己名字放在最后（当时在凝聚态物理研究圈子中并不流行通讯作者的概念），他认为这项研究是由我提出的问题，并做了主要的理论推导。另一方面，鉴于论文主要是黄昆起草的，他也作了主要的理论推导，最后由我投稿时我还是将黄昆先生列为第一作者（图 4）。

《超晶格中的光学声子》这篇文章[11]，是我基于黄昆 1950 年的"偶

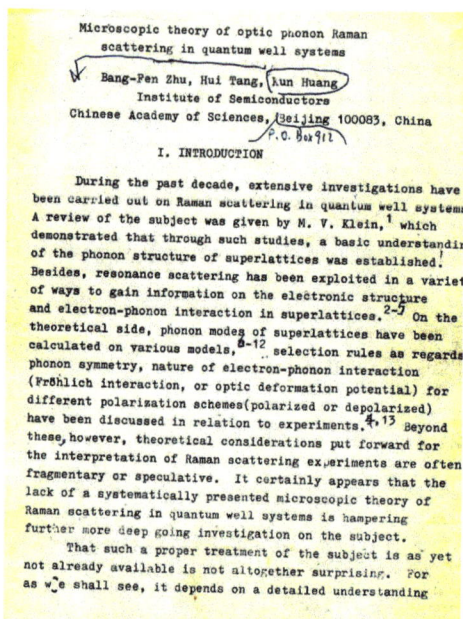

Microscopic theory of optic phonon Raman
scattering in quantum well systems

Bang-Fen Zhu, Hui Tang, Kun Huang
Institute of Semiconductors
Chinese Academy of Sciences, Beijing 100083, China
P.O. Box 912

I. INTRODUCTION

During the past decade, extensive investigations have been carried out on Raman scattering in quantum well systems. A review of the subject was given by M. V. Klein,[1] which demonstrated that through such studies, a basic understanding of the phonon structure of superlattices was established. Besides, resonance scattering has been exploited in a variety of ways to gain information on the electronic structure and electron-phonon interaction in superlattices.[2-5] On the theoretical side, phonon modes of superlattices have been calculated on various models,[6-12] selection rules as regards phonon symmetry, nature of electron-phonon interaction (Fröhlich interaction, or optic deformation potential) for different polarization schemes(polarized or depolarized) have been discussed in relation to experiments.[4,13] Beyond these, however, theoretical considerations put forward for the interpretation of Raman scattering experiments are often fragmentary or speculative. It certainly appears that the lack of a systematically presented microscopic theory of Raman scattering in quantum well systems is hampering further more deep going investigation on the subject.

That such a proper treatment of the subject is as yet not already available is not altogether surprising. For as we shall see, it depends on a detailed understanding

🔺 图 4　黄昆起草的论文首页，他把朱邦芬列为第一作者，圆珠笔字是朱邦芬所写

极振子"模型开展研究的。研究中我们多次讨论，我起草成文后黄昆又多次仔细修改我的草稿。因此在草稿中我把黄先生也列作共同作者，但他认为主要研究是我做的，修改时断然在自己名字上打了个大叉，拒绝署名（图5）。

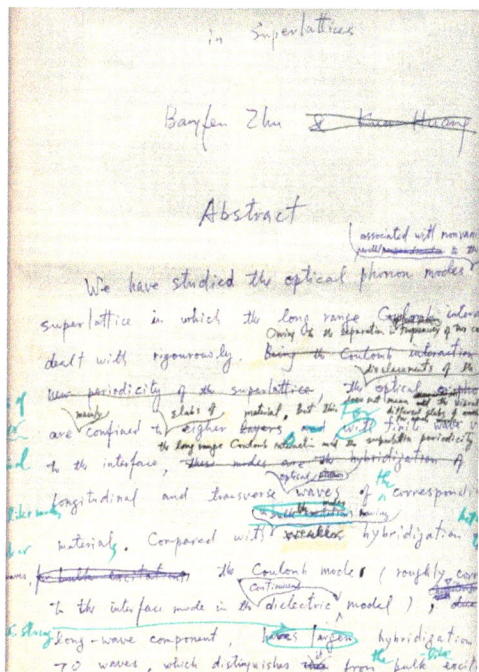

▲ 图5 朱邦芬在计算机打印纸背面起草的《超晶格中的光学声子》一文首页，黄昆在自己姓名上面打了个大叉。蓝绿色是黄昆修改笔迹

20世纪80年代，半导体所有一项科研项目"砷化镓中氮及氮—氮对束缚激子的压力行为"，实验和理论都是在他的倡导和支持下做的，特别是理论研究，主要是他指导研究生做的。这项工作做得比较好，作为1985年半导体所成果上报，获得了中国科学院科技进步奖。但是，黄昆自始至终坚持不让自己的名字出现在获奖人名录中。

黄先生一生发表研究论文只有40篇左右，但是每篇文章都实实在在解决了某个物理问题。他反对"灌水"。20世纪90年代，有的人一年能发表十几篇论文，他在觉得这些人"了不起"的同时，也对文章的含金量表示怀疑，因为他留英6年全时做研究，共发表了13篇论文，这在当时属于非常高产，而且他觉得自己是尽了全力的。当然到了21世纪，我们有的人"灌水"

就更厉害了!

黄昆做研究的特点是事必躬亲。他做研究不是出个题目让学生去做,自己参与讨论,而是一定要亲自动手去做。他体会自己亲自做,会不断地有新的想法冒出来。这反映了他的学风纯正。

黄昆做研究不喜欢随大流,他当所长也有自己的准则和底线。曾经有一段时间,在北京的一些机关单位滥发钱物,所里常有人以"别的单位如何如何"劝说黄昆放弃一些原则做法,黄昆对于这种"法不责众"的随众心理和做法很不以为然。在一次所务会议上,一位同志建议应当想办法为群众"谋福利",说"太老实了,要吃亏",黄昆听了笑笑说,"还是老实点好,如果一次不老实,将来会有很多次不老实"。

6. 严于律己

黄昆在"文革"以前,由于当时的政治环境和个人思想倾向,一直比较左。但是他的"左"应该说是出自内心的,更多地表现在对自己要求极其严格上。例如,作为1955年中国科学院学部委员,按规定可以定级为"一级教授",但黄昆主动要求自己定为"二级教授",觉得自己与饶毓泰、叶企孙、周培源、王竹溪等老师拿同样的工资,于心不安。"文革"以后,黄昆政治上有所觉悟,不再那么左了,但律己照样极严。例如,"文革"后补发工资,他把两万元全部都交党费。黄昆从不领取出国的制装费和补助费,大量国内外工作信函的邮资全都自己支付,因私事不得不打电话和用车时,必定交费,等等。1984年,黄昆作为"斯诺教授"访美。他省吃俭用，将外方资助生活费节余的钱购买了一台全自动幻灯机及调压器，用于半导体所对外学术交流之用。1986 年 2 月，德国马克斯普朗克协会固体物理研究所举办庆祝弗洛利希 80 寿辰学术会议，邀请黄昆参加，并提供他 500 马克生活费。结果，黄昆把结余的近 400 马克买了一台电子打字机，供所外事同志工作用。

　　黄昆不光严于律己，而且对他的英裔夫人李爱扶（图 6）要求也极严。按说李爱扶是英国 Bristol 大学物理本科毕业的，但是她在北大物理系长期担任普通实验员。黄昆刚当半导体所所长时，所里亟需一位英语口语教师，有人提议把李爱扶从北大调来，因为她是一位理想的英语教师。但是，黄昆坚决反对亲属在自己领导下工作，认为至少应该避嫌。1987 年他应邀去广州参加第 6 届全国半导体物理学术会议。因为李爱扶来中国三十多年几乎没有离开过北京，黄昆决定乘开会之际，顺便陪她去广州看看。按说黄昆的旅费由公家报销，而李爱扶的旅费

▲ 图 6　李爱扶 1952 年春到中国，这是她和黄昆的结婚照

由自己出，但是，黄昆以自己未能自始至终参加会议为理由，自己的往返机票费用也完全自付。

黄昆夫妇生活上特别易于满足现状，一直过着简朴的生活。改革开放以来，许多人的生活有了根本变化，可是黄昆家的生活没有与时俱进。家里除了墙上新装的一个空调，一台普通的25英寸彩色电视机，一台老式的组合音响以及许许多多的唱片和录像带外，没有太多现代化的东西。黄昆家是一套70平米小三室的单元房子，建于1955年，楼刚刚盖好，他们就搬进去了，一直住到21世纪。简单的水泥地砖，没有任何铺设。大间房间的面积约18平方米，是他们的客厅、卧室兼黄昆的办公室。房间很挤，放着一张双人床、两个简易沙发、一个油漆早已斑驳脱落的旧写字台和两个小书架。黄昆家中的"自由"空间狭小，每次我去黄先生家里，坐在简易沙发上时，李先生就坐在黄昆写字桌旁的椅子上。当客人多于俩人时，他们的床上就得坐人了。有段时间，为了接待几位留英老同学来家里聚会，他们想方设法，把双人床的四个腿用木板垫上，木板下面安上滚轮，客人来时，把床推到一边，腾出待客的地方。当人们问他们为什么仍住在五十年代修建的狭小而陈旧的房子中时，李爱扶总用她那略带英国口音的普通话说："只要住着舒服就行。"他们对饮食很不讲究。90年代，李爱扶比较注意黄昆的营养，每顿正餐一般是一荤一素一汤。荤菜常常是烧一锅红烧肉，吃上几天。汤经常是西式的素菜浓汤，把土豆、胡萝卜等用食品加工机搅碎，加上西红柿等熬汤。酱豆腐是李爱扶吃饭的"保留菜"，菜不够时就吃酱豆腐。

7. 强烈的 "公仆" 意识

1977 年黄昆当半导体所所长第一天上任时，被传达室大爷拒之门外。老大爷尽管知道今天新所长要来，但怎么也想不到眼前这位拎着行李、穿着一身颜色泛白的旧中山装、骑着辆 30 年 "高龄" 旧自行车的毫不起眼的老头，就是大名鼎鼎的黄昆。黄昆只得耐心地解释，因是第一天来所上班，他还没有从所里领到工作证。半导体所在皇城根时，黄昆与林兰英、王守武三位所长挤在一间只有十几平方米的屋子里办公。每天早上一上班，他们自己动手拖地，擦桌子，打扫卫生，拿热水瓶打开水。1986 年半导体所搬到林业大学后，黄昆办公室还是 3 个人，除了他，还有我和王炳燊（有段时间是汤蕙）。当所长时，黄昆中午都在所职工食堂里排队买饭吃。1986 年以后，因身体不好而食堂菜太油腻，他自己带饭，到中午，他用开水烫一烫冷饭就吃上了。所行政处要为他解决中午蒸饭问题，被他一口谢绝。

高山仰止，景行行止。黄昆先生的做人、做事和做学问，为我们树立了榜样。追思黄昆先生，越发觉得爱因斯坦的 "第一流科学家对于时代和历史进程的意义，在其道德品质方面，也许比单纯的才智成就方面还要大" 这句话值得我们每位科学工作者当作座右铭。今天的物质条件好了，更要发扬黄昆精神，特别要学习他的公正不阿、大局观和全局观、严于律己、当老实人做老实事。

参 考 文 献

[1]朱邦芬.黄昆——声子物理第一人.国家最高科学技术奖获奖人丛书.上海科学技术出版社，2002

[2]爱因斯坦，我的世界观.方在庆 编译.中信出版集团，2018

[3]朱邦芬.黄昆.中国当代著名科学家丛书.贵州人民出版社，2004

[4]Xia J B, Gan Z Z, Qin G G *et al*. Lattice Dynamics and Semiconductor Physics Festschrift for Professor K. Huang. Singapore: World Scientific, 1990

[5]秦国刚，甘子钊，夏建白 等.黄昆文集.北京大学出版社，2004

[6]Zhu B F. Selected papers of Kun Huang with Commentary. Singapore: World Scientific, 2000

[7]朱邦芬.物理，2006, 35(9): 791

[8]朱邦芬.追忆黄昆先生的宗师风范.名师风范——忆黄昆.北京大学出版社，2008. 204-215

[9]朱邦芬.物理，2009, 38(8): 575

[10] Huang K, Zhu B F, Tang H. Phys. Rev., B, 1990, 41: 5825

[11] Zhu B F. Phys. Rev., B, 1988, 38: 7694

缅怀一代宗师黄昆先生

范希武

　　初次知道黄昆是我就读复旦大学物理系光学专业期间，1957 年毕业后的科研方向是发光学和半导体光电子学。通过自学黄昆等人的《固体物理学》和《半导体物理学》以及其他一些人的专著，为我在这一领域的研究打下了基础。

　　黄昆先生是我久闻大名的世界级固体物理学家，中国半导体事业的奠基人之一，优秀的教育家。20 世纪 80 年代末以前，我与他未有直接交流和互动的机会。1990 年当看到黄昆提出的"八五"国家基础性研究重大关键项目（攀登计划项目）——半导体超晶格物理及材料、器件探索（1991—1995）——的招标后，我的心情很不平静。此前，我已注意到 1969 年 IBM 公司的江崎（L.Esaki）和朱兆祥提出超晶格概念以来，美、日、欧等先进国家高度重视半导体超晶格的基础研究和应用研究，使它很快成为整个半导体科学技术领域内的热点，我国在该研究领域虽已起步，但尚零星分散，成效也不明显。我在国际学科发展的影响下已有所准备，如建立了 MOCVD 设备，开展了宽带 Ⅱ-Ⅵ族半导体超晶格的研究工作，然而今后的研究向何处去以及如何实施仍不明晰。黄昆提出的"八五"攀登计划项目正好为我指明了方向和路径。黄昆提出的"八五"攀登计划项目的名称是半导体超晶格物理及材料、器件探索，把项目研究的领域和我从事的宽带 Ⅱ-Ⅵ族半导体发光和光电子有机地结合起来，我提出的题目名称是：宽带 Ⅱ-Ⅵ族半导体超晶格制备、物性和器件研究。这样，我们课题组就全身心地投入了"八五"攀登计划项目的招标行列中，经过严格的审阅和评议，1992 年 3 月 16 日项目首席专家黄昆签字同意，列入的课题组共 12 个，我们课题组是其中之一。我们全组十分高兴，中科院长春物理所的所领导和同事们也纷纷向我们表示祝贺。

此后，我们课题组在以黄昆为首席科学家的半导体超晶格国家级科研团队内开展相应的研究工作。我们常聚在北京中科院半导体所内进行汇报和讨论，由于事前知道黄昆对汇报和讨论都十分重视和认真，所以每个汇报人都充分准备，讲解也清楚，讨论是缜密而热烈的，黄昆不时插话和讨论，常有精辟的评论和深刻的分析，使我们颇受裨益。经过 5 年努力，这个团队课题组取得了明显的业绩，我们课题组也取得了较好的业绩。其中较重要的是获得了室温下 ZnSe-ZnS 超晶格平面波导光双稳器件，阈值开关功率低达约 1μW，远低于其他结构的半导体超晶格光双稳器件，其机理归结为激子饱和吸收型，性能达到国际领先水平。该项研究成果"ZnSe-ZnS 超晶格光双稳的研究"获 1993 年中国科学院自然科学奖一等奖，还发表了 75 篇学术论文。

通过这次与黄昆领导的研究团队共同研讨的全过程，我不仅在科研中得到锻炼和成长，还在学术上取得了长足的进展。我体会到：第一，国家领导人邓小平于 1975 年和 1977 年两次敢于反"文化大革命"主流而把学术权威黄昆提拔为半导体所所长，付于重任，可以说是一位有魄力的勇于担当的领导者，不愧为慧眼识英雄；第二，黄昆在半导体所所长岗位上如鱼得水，人尽其才，为我国科学事业的发展，特别是半导体事业的发展，推出了一个创举，干出了一番伟业。黄昆经过调研和分析，认为就学科而言，半导体超晶格物理是凝聚态物理的新生长点和重要前沿领域，使得物理学研究进入一个新的尺度范畴——介观，即介于宏观和微观之间的分支领域——半导体介观物理的崛起；从高技术而言，可以讲半导体超晶格的研究是 20 世纪 40 年代末 PN 结、晶体管发明以来，半导体科学技术发展中最重要的事件。所以黄昆选择了超晶格半导体物理、材料与器件的综合性基础研究和应用研究作为整个半导体科学技术领域内的发展主流。这是一个了不起的划时代的选择和决策。在确定了上述研究领域战略方向的同时，黄昆还进行了两个方面的具体规划：筹备和建设半导体超晶格国家重点实验室，于 1991 年成立，作为主要的实验平台；在重点实验室会聚精英如郑厚植、夏建白、朱邦芬及李树深等。

△ 黄昆在半导体所大门留影

当上述几个方面初步就绪后，黄昆就举起"八五"国家基础性研究关键项目（攀登计划项目）——半导体超晶格物理及材料、器件探索的大旗，率领全国半导体科学技术界的研究队伍向该领域的国际前沿进发，经过5年的刻苦努力的奋斗和艰难曲折的历程，终于取得了骄人的业绩。取得的22项奖励包括：国家自然科学奖二等奖3项、三等奖2项，中科院自然科学奖一等奖4项，中科院科技进步奖一等奖2项等。发表SCI学术论文387篇。通过这次事例，使我国半导体科学研究领域跨入了国际前沿行列，其中部分科研成果达到国际领先水平，如建立半导体超晶格中光学声子模式的黄-朱模型等。项目开展过程中，除了上述提到的半导体超晶格国家重点实验室的领军者外，还在全国范围内培养了一批学术带头人和精英，如顾秉林（清华大学）、王迅（复旦大学）、沈学础（上海技术物理研究所）、雷啸霖（上海交通大学）等。

⚫ 黄昆在陈嘉庚物理奖颁奖仪式上

⚫ 黄昆所获部分奖项证书

　　黄昆是半导体科学技术领域的一位引领者，杰出的教育家，堪称一代宗师。他 32 岁前在英国从事研究工作的 6 年期间，在科研工作中取得了世界级辉煌成就，可在 1951 年回国后几乎中断了科研生涯 30 多年。1977 年，他重返曾经擅长的科研领域，他以敏锐的目光、高昂的激情、不屈的意志很快确立了半导体研究事业的战略方向，部署了半导体超晶格国家重点实验室的建立作为主要实验平台，为我国凝聚和培养了该领域的一批精英，举起国家基础性研究重大关键项目——半导体超晶格物理及材料、器件探索的大旗，率领全国半导体超晶格研究领域的研究大军向国际学科前沿阵地进发，经过 5 年艰苦奋斗，获得了显著业绩，终于把一个被摧残的我国半导体研究事业重新引领到国际学科前沿。作为这个团队中的一员，我从一个侧面看到一个国家领导人的责任和担当，只有人尽其才，才能国家兴旺；更看到一代宗师黄昆的才能、作用和魅力，真是令人惊叹和震撼。

永远怀念黄昆先生

黄美纯

　　黄昆先生是固体理论和半导体物理领域国际著名的科学家和杰出的教育家，他的许多著作和开创性的论文在半个多世纪以来，都是固体物理和半导体物理学界许多代研究工作者和老师必不可少、需要学习和十分崇尚的经典著作。关于黄先生在学术上的重大贡献和教学上培养年轻一代的光辉事迹以及他艰苦朴素、平易近人、严于律己和为人师表的大师风范，已经呈现在已出版的多种纪念文集中，这里不再重复。为纪念黄昆先生诞辰一百周年，仅以个人在一些特殊事件上的的感受，表示一个学生对尊敬的老师的感恩之情。

　　1956 年，在周恩来总理主持下，制定了《十二年科学发展规划》，黄昆先生参与了该规划的讨论制定并建议开展半导体技术、计算技术和无线电电子学等新兴学科的研究。之后就成为半导体学科发展的领导人之一。在此背景下，在北大筹建了北大、复旦、南大、厦大和东北人大（现吉林大学）五校联合半导体专门化。我有幸成为这个新兴学科的一名本科生。大四时亲自聆听了教研室主任黄昆先生和副主任谢希德先生的"半导体物理"课，由此开启了我对半导体物理这一新兴学科的兴趣和爱好并坚持了一辈子。

⚠ 1950 年代，黄昆在北京大学物理系的办公室

直至现在，我对半个多世纪前上半导体第一课的情形依然历历在目。记得当天我和许多同学在食堂拿了馒头就往阶梯教室跑，希望占个较前面的座位。因为著名的黄昆教授除北大班的同学外其他四个班的同学都从未见过。大家都坐好等老师进教室，不料上课铃一响，从最前排上来一个穿蓝色旧中山装的老师上了讲台。原来黄先生早就来教室，而且穿着比许多同学

还要简朴。黄先生总是提前到教室，准时上课，而且生活简朴，平易近人的学者形象从此植入我们的脑海中，永世不忘。

当时上这门课还没有中文的参考资料和教科书，同学们都十分注重听课做笔记和查阅指定的参考文献。讲授的内容主要是两位老师的研究成果和总结文献上半导体物理的最新进展并加以提升和提炼。各章的内容都有老师的独特见解和精辟的论述，具有极高的水平。我们 1958 年毕业后，当时的讲义就在科学出版社出版，成为半个多世纪以来一直被采用的《半导体物理学》教科书，直到最近已经第八次重印出版。该书至今依然为培养半导体科学技术人才和发展半导体事业方面做出重大贡献。

1958 年 7 月毕业时正遇到全国处于"大跃进"时期，有部分老师已经结束五校联合半导体专门化的工作，回到本单位。但是四五年级的毕业生大约还有一百四十位没走待分配。于是就由学校建议，由教研室的老师们组织"五校半导体科学大跃进"，当时以团连排三级的准军事化形式进行半导体器件、材料和整机系统的攻关。教研室主任黄昆教授为团长下设五个连分别管理器件、材料、整机等等的攻关，每个连下面有五个排，每个排负责一个项目。我是负责发光器件项目的排长，带领四个四年级毕业生工作。因为我是五年级毕业生，毕业论文就是在应用物理所的徐叙瑢教授和厦大的吴伯僖教授指导下进行 ZnS 粉末的场致发光研究，已有一些科研训练。黄先生对于"科研大跃进"也是非常热心的，他经常到各个项目组了解工作进展情况，教导我们要抓紧时间（只有两个月），一丝不苟，克服经费、材料和测试设备短缺的困难。他自己也带头身体力行，包括清洗石英管等作为理论家并不擅长的事，他都亲自去做。短暂两个月的"大跃进"确实也获得不少成绩，实现了二十几个项目的十一国庆献礼。当然，从严格的科学技术水平的标准衡量，无论是半导体材料的提纯、研制和器件的制作，以及原定的指标，大都没能达到提供工业单位生产的要求。最大的收获应该是踏踏实实地锻炼了年轻学生的科研精神。例如，我组承担的光放大器项目，就没有完成该器件的制作，只是完成了场致发光器件。但是，同学们在硫化锌材料烧结、掺杂、导电玻璃制造以及功率放大器等测试设备的自制各方面都得到锻炼。之后，我们很多同学填写分配工作的志愿表时，只写"到祖国最艰苦最需要的地方去"，真正有一股年轻人热心参与建设祖国的激情。最后，我被分配到厦门大学物理系，参与厦大半导体专业的筹建和教学科研工作。

在 1960 年的固体物理学术会议期间，由于老一代科学家的提携，把会议上确定的物理译丛《场致发光》一书的翻译和编辑任务落实到厦大，由我具体承担。参加的还有南开大学的朱健生老师。发光领域的前辈吴伯僖（也参加部分翻译）和许少鸿先生负责把关并任译文校对。该书于 1964 年由科学出版社出版，后来成为从事固体发光的单位和众多研究者阅读的主要参考书。

1962—1964 年，学校派我到复旦大学谢希德先生门下进修研究生课程，主要是在教研室房间聆听谢先生讲授"群论及其在固体物理中的应用"课程。其间正好遇到黄昆和谢希德先生一起立下了"固体能谱"研究的国重项目，我的老同学陈辰嘉在北大黄昆先生手下协助筹办固体能谱研究室，将进行能谱理论与实验相结合的研究。在复旦主要是固体电子结构计算，于是，谢先生给每个研究生一个课题。我承担的课题是 APW（缀加平面波）方法和 Se,Te 的电子结构计算，其他研究生承担例如 Green 函数方法、赝势方法的研究等等。我们几乎把 30 年代到 60 年代初关于固体能带计算的主要文献都查读了一遍，做了二十几本笔记（当时还没有复印机，搜集资料全靠阅读笔记）。对于能带计算的各种方法和总体发展已经大致有数，也提供了经常讨论交流的基础。可惜由于 1937 年 Slater 提出的 APW 方法计算上非常麻烦复杂，只有 1953 年有一篇计算 Cu 的 APW 能带结构有具体结果。后来美国西北大学 Freeman 教授的几篇有关文章也有参考价值。因为 APW 波函数有球对称波缀加平面波的复杂形式，而 Se,Te 的晶体结构又有比较复杂的类六角空间群对称性。推导出的解析矩阵元是非常复杂的表达式。为了进行数值计算，当时只有在上海大厦的一台十分原始的电子管电子计算机，其内存大致只有 4k，我们曾经用它试着求解球对称势的类氢径向薛定谔方程（当时还没有高级语言及计算程序），由于机器经常出故障，每次维修又要停机约一星期，花了许多时间，最后未能得到数值结果。不过我们的研究报告还是很有价值的。后来谢先生把每个人的研究报告集中起来，印成册子提供给后继研究生的学习参考资料，而我们在课题研究中也深刻感受到科研工作的艰辛和加强各方面基础训练的重要性。近两年真刀真枪的研究实践完全得益于黄昆和谢希德先生的国重项目和老师的关怀指导。

在上述学习的基础上，1965 年在厦大我又获得一次重要的教学经历和向老科学家学习的机会。当时受教育部委托，由厦大化学系蔡启瑞教授负责举办催化讨论班，先后邀请卢嘉锡先生和谢希德先生来讲授"群论及其在量子化学中的应用"及"群论及其在固体物理中的应用"两门课，各一学期。我很幸运被学校指定作为卢先生和谢先生的助教，负责上这两门课的习题课，辅导和批改作业。回想起这事，我当时想，年轻助教那么多，为什么偏偏派我承担这门课而有机会幸运地协助老一代科学家并一起工作？后来有人告诉我，原先学校想派一个数学系的老师当助教，但是他在初步了解工作内容之后表示他学的是抽象群理论，要应用到量子化学及固体物理恐将胜任不了，婉拒了。因而，可能是我刚刚从谢希德先生那儿学习回来，有较好的群论及物理理论基础才让我去。实际上群论及其应用的许多习题我也没有做过，因此，这项工作对我的业务提高也是非常有帮助的，我必须迎接这个挑战。一个特别令我难忘的事是，卢先生讲课的风格与黄昆先生一样，既风趣又深入浅出，他把群论这样抽象的数学与日常生活中及化学中大家熟悉的分子构型和性状联系起来，让大家都能接受。特别是布置习题时，一定要我先做，并标示每一题完成的时间后交给卢先生，然后再选择适当的题目和数量布置给学员做，为的是不让学员负担太重，又能掌握最重要的课程内容。卢先生的教学工作认真到各个细节的考虑，让我永记心间。

可是学校正常的教学科研秩序由于师生都要下乡参加

"四清"和随后回校参加"文化大革命"而遭到彻底破坏，直到粉碎"四人帮"，1978 年开始进行改革开放才逐步恢复。

经中国物理学会发光分会建议，第二届全国发光学术会议将于 1980 年在厦门鼓浪屿举行。筹委会领导吴伯僖教授委派我到科学院半导体所特邀黄昆先生到会作大会邀请报告。到半导体所当天，黄昆先生在所里他的简陋的办公室热情地接见了我，了解我的来意并听取我关于学术会议的筹备情况简介之后，黄先生告诉我，除半导体方面的会议需要参加外，其他的会议一般都不会参加，特别是刚刚来所不久正忙于努力恢复半导体所的基础研究工作。但是在刚刚改革开放不久这个时间点举办发光学术会议也是我国物理学界推动基础研究和应用研究走上正轨的重要步骤。黄先生首先意识到这一点就毅然表示支持，并说最近重新审议了关于多声子辐射与无辐射跃迁问题，对于固体发光效率的分析，是一个很基本的理论问题，也许对大家有帮助。当时令我喜出望外，顺利地完成了邀请黄先生的任务。黄先生不远千里（当年厦门还没有飞机航班）来到鼓浪屿在大会上作"关于多声子跃迁理论"的报告，成为该次全国发光会议的一大亮点。

1981 年是我一生中最难忘的一年，从此我走向漫长的计算凝聚态物理的道路。在纪念黄昆先生的同时，总是把谢希德先生联系在一起。当年四月厦大六十周年校庆邀请杰出校友谢先生参加，学校派我我到火车站接车，在回学校的小车上，谢先生告诉我，她从我校副校长蔡启瑞教授那儿了解到学校准备派我作为访问学者出国学习和科研实践，并说参加校庆后将到北京参加院士会议，之后就会到美国访问。了解我的大致意愿之后，谢先生立即写信把我推荐给美国西北大学物理系 A.Freeman 教授。Freeman 教授很快回信邀请我马上过去加入他的研究组工作，因为先期在该研究组访问的物理所王鼎盛先生就要回国了。办理出国手续，包括到广州 Interview，不到半年我就到了 Freeman 教授处报到。

第一次谈话 Freeman 教授给我的任务是：1）读好两种语言，即英语（主要是提高听说能力）和 Fortran 程序语言；2）三个月内提供周期表中 6 个元素的能量本征值及其电荷密度分布。据研究组的同事说，这是决定能不能留在研究组工作的硬任务，必须完成。实际上什么是程序语言我一点概念也没有，后来了解到厦大的计算数学专业也是 1981 年才刚刚开出最简单的 Basic 语言课，出国前根本不可能修该门课。此外，计算原子问题还要求在所谓密度泛函理论（DFT）的框架下进行从头计算（又常称第一性原理计算）。这使我强烈地认识到，为了完成任务，首先必须更新自己的知识结构，把不懂的东西补回来。于是刚到的那几个月简直是没日没夜地抢时间，在图书馆及研究室学习密度泛函理论以及程序语言，一句句去看懂原子计算程序，写好输入输出文件。由于当时还没有网络功能，不可能从研究室的计算机传送计算程序到计算中心，也不能在研究室提交作业。计算程序必须小心地一句一张地打在卡片上，然后拿着一整盒程序的卡片到学校计算中心输入、编辑和计算。还好，经过努力我不到三个月就较好地完成了任务。这个有趣的故事，现在已经不可能出现了，这主要得益于网络的发展和众多计算程序已经商业化，有的甚至不给源程序而只提供执行文件。但是这个经历让我相当扎实地掌握了从数学模型到编程的许多技术细节。这比起用傻瓜照相机般的采用商业计算软件搞研究要好得多。

我的正式研究课题是在 DFT 框架下用全电子的完全势线性 APW 方法（FPLAPW）计算 $ZrZn_2$ 与 ZrV_2 的电子结构并探索其磁性和超导性。因为这两个材料结构相同而性质迥异，究竟源于什么因素尚不清楚。选择这个方法是因为它的精度最高，但是必须写几个与晶体对称性有关的子程序添加到原来的 FPLAPW 中才能计算。Freeman 教授预计对于新手而言，计算研究过程会遇到许多问题，要求出现问题都得自己解决，并说"要把所有问题和错误都留在这儿，不要带回去"。这句话意味深长，令我永世不忘，并在后来我在国内带研究生时也这样要求。

Freeman 教授是谢希德先生在 MIT 的学弟，从 Freeman 研究组学成归来的早期人员除物理所王鼎盛外，还有北大韩汝珊、厦大黄美纯、固体所郑庆祺、复旦叶令、浙大曹培林等。回国后我们都致力于在国内推进第一性原理的计算，对半导体、金属、微结构与表面、合金、金属半导体接触、化合物异质结、量子阱和超晶格等许多材料进行了研究。在这些研究的过程中，多次得到黄昆先生的指导和关注。其中关于平均键能的理论模型，由于它适合于非应变及应变异质结和超晶格的能带排列的预言，且可更方便地应用于新材料设计而被国内外同行认可和引用。夏建白和黄昆院士在纪念建国五十周年的文章《我国半导体研究进展》（物理，28，525（1999））中，把它列为我国半导体、超晶格和微结构研究领域有创新意义的十项重要研究成果之一。

之后，在基金委重大项目"光电子新材料和新器件"中我们承担新材料的计算设计，获得两类硅基新材料，它们具有 K 空间伽马点的直接带隙特性，既可以用于电子集成又可以用于光子集成，被项目的专家组评议为特优的理论成果。

回顾几十年来的教学和科研工作，虽然没有什么特别重大的成果，但在力所能及的工作中，没有浪费自己的努力。因此心里十分感恩黄昆和谢希德先生的启蒙、指导和提携，同时也十分感谢后继的许多老师和课题组的合作者及学生。

黄昆先生以及卢嘉锡、Freeman 等先辈都已经先后离我们而去，但永远活在我们心中！

永远怀念黄昆先生！

🔺 1986 年 10 月，在北京大学举行纪念我国半导体专业创办 30 周年的学术报告会，这是中国半导体物理的两位先驱者——黄昆（左二）与谢希德（右二）

从黄昆方程到极化激元
——黄昆方程的历史和现实意义

王炳燊　葛惟昆

在黄昆先生诞辰 100 周年之际，作为黄先生子弟和亲近后辈，我们缅怀先师的辉煌业绩，重温他对凝聚态物理学的卓越贡献。

黄昆先生生前多次说过，他自己最满意的工作有两件，第一件就是 1950 年对离子晶体中的长波光学声子和宏观电磁场的相互作用的研究，即黄昆方程（有时也称 Born-Huang 方程），另一件则是与晶格弛豫有关的多声子光跃迁（Huang-Rhys 参数）和无辐射跃迁理论。

本文将集中讨论黄昆方程出现的历史背景以及这一组方程的方法和结论对固体物理学（即现在统称的凝聚态物理学）在当时和对后来发展的重大意义。

20 世纪 40 年代，固体的电子态理论才起步不久，对于实际材料的各种性质的理论计算才刚刚开始。此时对于固体的物理性质的理论研究，都是从理论上认识比较清楚的离子晶体开始。黄昆先生那一代物理学家，都注意到介电函数是关键的物理量，因为它不仅决定物质的电学性质，而且决定物质的光学性质。对许多纯净离子晶体而言，在可见光波段它们是透明的，而在红外波段则有许多丰富的现象。而这又与固体的一类晶格振动即光学声子（即晶格内不同原子的相对振动，在离子晶体中是正负离子的相对振动）谱紧密联系。

黄昆方程正是把光波与光学声子关联起来。一开始人们没有意识到它的重要价值。一个真实的故事是，当黄昆方程的论文①投稿时，审稿人认为该文只是重新证明了著名的Lynddan-Sache-Teller关系，坚称黄昆的论文只是LST关系的另一种证明而拒稿。幸亏黄昆先生的老师N. F. Mott教授（1977年获得诺贝尔奖）了解这篇文章的重要意义，亲自出面推荐，要求更换审稿人，才得以发表。

现在我们首先来看LST关系的提出和意义。1938—1940年间，Lyddane[2]和Frohlich、Mott[3]分别独立证明了横光学声子TO（振动方向与传播方向垂直）的频率ω_t低于纵光学声子LO（沿传播方向振动）的频率ω_l。这些研究都需要对电子和离子的微观状态作详细计算，而这在当时的条件下，无论是

————

① 事实上黄先生的这一工作在公开发表之前，先发表在一个内部报告上：K.Huang, The Phenomenological equations Motion for Ionic Crystal Lattices, E.R.A. Report(1950), Ref . L/T239. 另外 乌克兰科学家 К. Б. Толпыгоб[5] 在1950年也独立提出了相似的理论，但他的工作并未产生广泛的影响。

在理论方法还是计算条件上，都是极端困难的任务。1941 年，Lyddane[4] 引入了有效电荷的概念，通过这一概念，他们得出以下的 LST 关系

$$\omega_l^2 / \omega_t^2 = \varepsilon_0 / \varepsilon_\infty,$$

其中 ε_∞ 和 ε_0 分别为高频（频率远高于声子频率）和静态（$\omega = 0$）的介电常数。LST 关系把声子的两种本征频率和作为宏观可测量的介电常数联系起来，并不需要离子晶体内部相互作用的细节，因此是一个普遍的关系，具有重要的意义。

现在我们来分析黄昆先生的工作[1] 与 Lyddane 等人的 LST 关系的工作有什么不同。从具体的物理图像对应的基本原理出发，而不是跟随别人已有的工作，是黄昆科研实践的一个显著特点，也是他能够成功原始创新的重要因素。黄昆天才地把电场 E 和磁场 H 所满足的麦克斯韦（Maxwell）方程和光学声子的振幅 w 的动力学方程联合起来，他所提出的光学声子的振幅的动力学方程为

$$\ddot{w} = b_{11}w + b_{12}\boldsymbol{E},$$
$$\boldsymbol{p} = b_{21}w + b_{22}\boldsymbol{E}.$$

这就是著名的黄昆方程，它把光学声子的振动动力学与晶体的极化和外加电场（即光波中的电矢量）巧妙而合理地联系起来。这组方程在本质上与许多重要的物理方程一样，不是推导的结果，而是基于高度的洞察力和对物理原理的抽象概括。物理学中最重要的牛顿方程和薛定谔方程也是这样产生的。首先将这个方程与麦克斯韦方程中的电位移矢量的散度方程相联合

$$k \cdot (E + 4\pi P) = 0 ,$$

其中 P 是极化矢量，k 为波矢。经过严密的数学推导和物理分析，把黄昆方程中四个 b 系数用物理上宏观测量可以得到的静电介电常数 ε_0 和高频介电常数 ε_∞、横波光学声子频率 ω_t、纵波光学声子频率 ω_l 表达出来就得出，对于纵波，$k//E//w$：

$$\omega_l^2 = \omega_t^2 \frac{\varepsilon_0}{\varepsilon_\infty} .$$

这个结果和 LST 关系式完全一致，但出发点完全不同，而且不是黄昆方程最重要的意义。

黄昆的新贡献更在于，他进一步引入了电磁波传播迟缓（retardation）效应，即离子运动产生的相互作用是通过电磁相互作用以光速传播。此时必须考虑麦克斯韦方程组中的其他几个与磁场有关的方程：

$$k \cdot H = 0 ,$$

$$k \times E = (\omega c) H ,$$

$$k \times H = -(\omega c)(E + 4\pi P) .$$

所得到的解表明，光波只受到电子（速度为 $c/\sqrt{\varepsilon_\infty}$）以及 LO 和 TO 声子折射的作用。其结果是纵向光学声子 LO 不受影响，而横向光学声子 TO 在其色散曲线与光子色散曲线相交之处（参看图 1）形成共振、产生强烈的相互作用，由此得到一种新的色散关系：

$$\frac{4\pi^2 c^2}{\omega^2 \lambda^2} = \varepsilon(\omega) = \varepsilon_\infty + \frac{\varepsilon_{st} - \varepsilon_\infty}{1 - (\omega/\omega_{\mathrm{TO}})^2} ,$$

再代入 LST 关系，即得到一种全新的介电函数色散关系：

$$\varepsilon(\omega) = \varepsilon_\infty \frac{\omega_{LO}^2 - \omega^2}{\omega_{TO}^2 - \omega^2} \ .$$

这是前人从未得到过的结果。用这个介电函数来研究电磁波在固体中的传播时频率和波矢的关系，如图 1 所示。横向光学声子的特殊性，恰好反映了光波的横波性质。

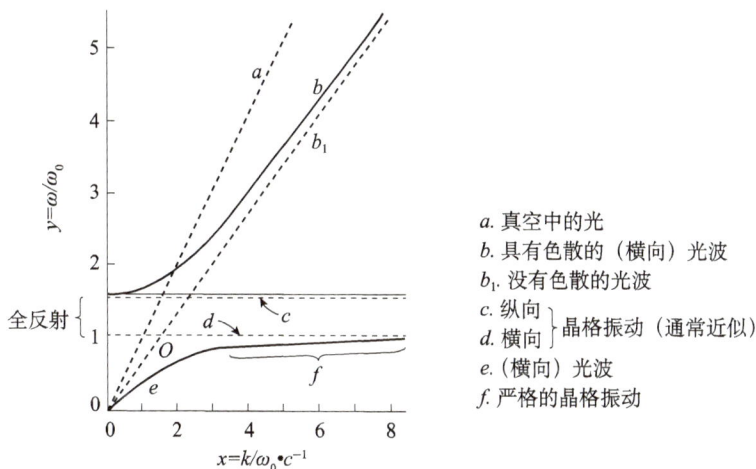

⚠ 图 1　离子晶体中光的色散（《晶格动力学理论》）

　　让我们具体来分析黄昆的工作与 LST 工作的区别和革命性进展。首先，这里考虑了迟缓效应，这是 LST 完全没有考虑的，而这是一个非常明显的区别，在物理上的差异是很大的。其次，LST 对纵向电场和横向电场的极化效应的处理，是采用普通物理中对于静电场极化的冗长的讨论，虽然其结果是正确的，但逻辑并不严密。而黄昆利用的是严密的数学推导（他的原始论文 *On the interaction between the radiation field and ionic crystals* 中推导长达 14 页），简洁而优美地阐明了横向电场和纵向电场的区别[①]。再次，黄昆的结果，完美地表现了离子晶体的红外色散特性，清晰地解释了所谓剩余射线（reststrahlen）[②]带的物理起因。他指出，如果把上图旋转90°，就直观地解释了色散现象。

黄昆方程最重要的意义，可以用美国著名物理学家E.Burnstein[6]在第17届国际拉曼会议上对黄昆的评价来概括："Huang has changed our way of thinking about propagating EM mode in crystalline mediums"（黄昆改变了我们关于电磁模在晶体介质中传播的思维方式）。其实这里的介质，不止是离子晶体，而是包含了一切有光在其中传播的介质。由于黄昆方程直接利用了电场与偶极子的相互作用，它也同样适用于一切具有偶极矩的元激发与光波的相互作用，具有普遍意义。这也正是后来光波与激子耦合的极化激元（polariton）的原始物理基础。

在人们传统的理解中，光进入固体以后，就以真空光速除以介电常数的速度传播，再通过电场的极化作用、激发光学声子或其他元激发。而黄昆指出，事实并非如此，光进入固体后，就与贡献介电常数的元激发（不只限于横偏振光学声子）相互作用且耦合在一起传播，且对同一个波矢，会存在两个频率的波，其中每一个波的电磁波和机械振动的成分和相应的能量所

---

① 在严格来讲，在晶格动力学中，只有在Brillioun区高对称方向，纵模和横模才可以完全分开，但在长波情况下，晶体完全可以用连续介质来描述，这一点在黄昆先生的原始文章中已经说明。在严格意义上，介电函数和介电屏蔽也分为纵向和横向，但当波矢趋于零时，两者是相等的，因此本文中不再区分。此外，黄昆方程中虽然没有包括由于声子散射导致的声子寿命和谱线展宽，但这个效应很容易加入方程中以便与实验比较，在此不再详述。

② reststrahlen通常翻译成剩余射线，实际是晶体中光的禁带，表现为全反射。

占比例随频率变化。特别是，横、纵元激发的频率不同，而在
这两个频率之间，电磁波不能传播。这是一个全新的物理图景，
彻底颠覆了光波独立传播、不与元激发耦合的传统观念。这一
思维方式的转变，在各种物理现象中具有普遍的和重要的意义。
黄昆方程也使人们对介电常数的意义有了更深入的理解并达到
一个新的高度。这样表示的介电常数，也与后来由严格的线性
响应理论导出的结果完全一致。

必须指出，尽管黄昆方程组是以经典电动力学和经典力学
来表述的，但是其实质内容和结论与量子力学和量子方法的表述
完全一致。J. Hopfield [7] 在 1958 年著名的关于光子与激子耦合的
工作就证明了这一点：激子与光子耦合的色散曲线与附图所表示
的完全一致，只是纵横声子变成纵横激子。事实上，把黄昆方程
开创的这种电磁波（光子）与晶格振动（声子）的耦合模式予以
量子化，就成为一种新的准粒子，S. Pekar (Пекар) [8] 在 1957 年称
之为 polariton，现在甚至出现 polaritonics 的名词，俨然已经成为
一门新的子学科，可见其学术和应用上的巨大影响。由于黄昆在
论述过程中已经成功地把宏观电场和微观电场分离，之后几十年
间，虽然固体中电子和声子态的理论研究已经有了非常大的改变
和发展 ①，但黄昆方程仍然保持着它旺盛的生命力。

———————

① 介电函数理论现代形式，即动力学非局域介电矩阵，其中微观场和宏观
场的联系是其在倒格子空间的非对角元来体现的，而黄昆方程得出的介电函
数，通过高频介电常数和静态介电常数和纵横光学声子频率，完美地描述了
声子态对长波下宏观介电函数的贡献，而不用去关心宏观场与微观场关系的
细节。而在实际问题中，人们只会涉及长波下宏观介电函数。感兴趣的读者
可以参看有关的文献。

物理学本质上是一门实验科学，这样一种物理上全新的图景，不仅引起理论工作者的注意，也理所当然地激发了实验工作者以极大的热情用各种实验来证实 polariton 的存在。C.H.Henry 和 J.J.Hopfield [9] 在 GaP 中用拉曼散射证明了 polariton 的存在，准确测量了其中 polariton 上下两支的色散曲线，证明了 polariton 理论的正确性（见图 2）。由于半导体中绝大部分激子（exciton）也有偶极距，因此也能形成 polariton，由于激子具有明显的色散，尽管原始的黄昆方程中没有包括色散（光学声子一般色散比较小，通常可以忽略，这也是晶格振动 Einstein 模型的由来），但方程完全可以不加改变地扩展到包括色散的情形。J.L.Birman 等人 [10,11] 发展了 exciton-polariton 的布里渊散射理论，而在 1977 年，C.Weisbush 等 [12] 在 GaAs 中进行布里渊散射实验，结果完全与理论符合（见图 3），进一步证明了 polariton 理论的正确性。

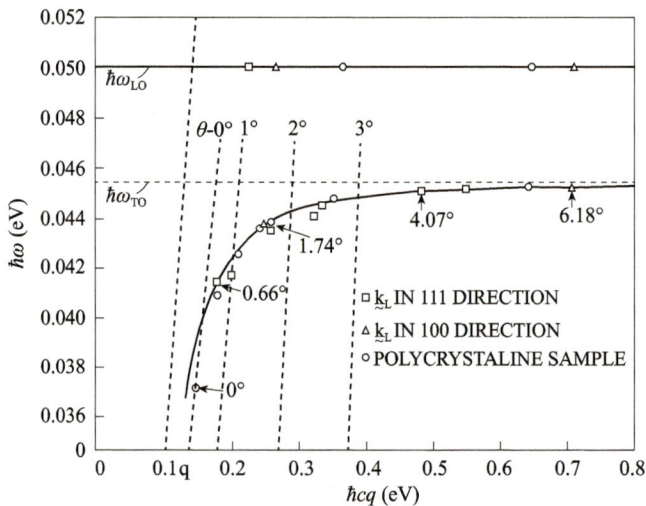

图 2　GaP 中声子 polariton 的色散曲线理论值和 Raman 散射实验结果

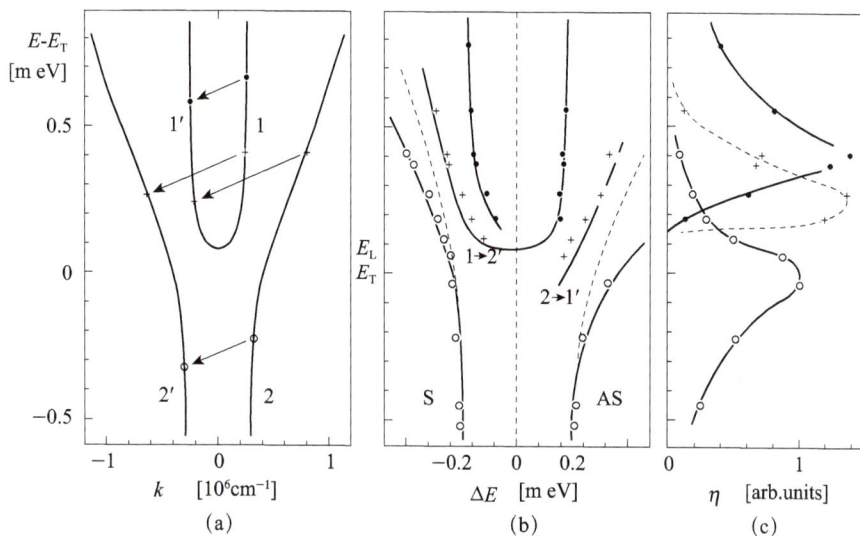

⬤ 图 3　GaAs 中激子 polariton 的 Brillioun 散射，自左至右：计算出的 polariton 色散曲线；Brillioun 散射的理论曲线（实线）和实验点（空心和实心圆点）；散射光强度随入射光频率的变化

　　说到激子的色散，polariton 理论还预示了一个新的物理现象，即某一段频率的单色光进入固体后，在一定条件下会变为两支快慢不同的波，被称为附加波（additional wave）[13]，并引出了所谓附加边界条件（additional boundary condition）问题，在一段时间内成为研究热点。而光学声子的色散所引起的半导体超晶格中与电磁波相互耦合所产生的复杂现象，直到 20 世纪 80 年代末才由黄昆先生本人和朱邦芬[14]提出的黄 – 朱模型予以阐明。

　　实际上，固体中能与电磁波耦合的元激发不限于声子和激子，涉及的相互作用也不限于光与电偶极子之间。在电偶极子被禁戒的情况下，与磁偶极子等都可以形成 polariton，因此在现代物理中，有各种各样的 polariton，如自旋波 polariton 等。Polariton 这一概念已经深入到物理学的许多领域。比如

plasmon、表面 plasmon 与电磁波的耦合、光子晶体等领域，都是这一理论的扩展。1972 年，在意大利的 Taormira 召开了第一届 Polariton 国际学术会议。由于时值"文化大革命"，黄昆没能参加会议，但他在 1951 年的开创性工作得到与会者的高度评价，他二十多年前的开创性文章也被组织者列入会议文集 [15]，这几乎是史无前例的。黄昆先生是当之无愧的 polariton 理论的开创者。

1905 年，玻恩把长声学声子的微观参量和宏观参量即弹性系数和泊松比联系起来，35 年后黄昆方程把长光学声子的微观参量和宏观的介电常数和色散性质联系起来。这是一个伟大的传承和发展。同时，黄昆方程把纵光学长波振动与宏观电场相联系，也为 H.Frohlich [16] 提出的著名的电声子极性相互作用理论给出了坚实的基础。从更广泛的视野来看，黄昆先生这件工作的重大意义还不止于此。一般来说，相互耦合的两个系统是同质的，而 polariton 是由声子和光子两种不同玻色子耦合而成的，这是量子力学态叠加原理的体现，具有启发性的意义。

时至今日，如果以"polariton"作为搜索词来检索，将会得出成千上万的结果。毫不夸张地说，任何与物质的光学性质相关的研究和技术应用，都与以黄昆命名的方程或远或近地相关联。黄昆方程和同样由黄昆先生开创的与晶格驰豫相联系的多声子光跃迁理论和无辐射跃迁理论、黄昆散射等一系列原始创新的理论成果，都是凝聚态理论发展道路上光辉的丰碑，值得我们永远纪念和学习！

先生的音容笑貌依然历历在目，先生的谆谆教诲永远牢记心中。谨以此文，献给敬爱的黄昆老师和李爱扶（A.Rhys）师母！

作者对朱邦芬院士的宝贵意见深表谢意。

参 考 文 献

[1] Huang K. Proc. Cambridge. Phil. Soc., 45(1049): 452-462;

Huang K. Nature, 1951, 167: 79; Huang K. Proc. Roy.Soc., 1951, A208: 352

[2] Lyddane R H, Herzfeld K F. Phys. Rev., 1938, 54: 846;

Lyddane R H, Herdeld K F, Sachs R G. Phys. Rev., 1940, 56, 1008

[3] Frohlich H, Mott N F. Proc. Roy. Soc., A1'T1, 1939.496

[4] Lyddane R H, Sachs R G, Teller E. Phys.Rev., 1941,59: 673

[5] Толпыгоб Б. ЖЭТФ Т.6, 1950, 497

[6] Burstein E. Proceeding of the 17th conference on Raman spectroscopy. International steering Committee ICORS 2000, New York, John Wile& Sons Ltd., 2000.40

[7] Hopfield J. Phys. Rev., 1958, 112: 1555

[8] Пекар С И, ЖЭТФ Т.33, 1957, 1022 [Sov. Phys. JETP 6, 1958, 785]

[9] Henry C H, Hopfield J J. Phys.Rev.Lett., 1965, 15: 964

[10] Bendow B, Birman J L. Phys.Rev.,1971, B4:1678

[11] Brenig W, Zeyler R, Birman J L. Phys.Rev., 1972, B5: 4617

[12] Ulbrich R G, Weisbush C. Phys.Rev.Lett., 1977, 33:865

[13] Pekar S I. J. Lumin., 1979, 20(4): 333

[14] Huang K, Zhu B F. Phys.Rev. B,1988, 38: 13377

[15] Burstein E. in Polaritons. edited by Burstein E, de Martini F. Pergamon, New York, 1974. 1

[16] Frohlich H. Proc. R. Soc. Lond., 1952, A 215: 291

在黄昆先生指导下研究固体中的晶格
振动、光色散及电声子耦合

贾惟义　　葛惟昆

作为玻恩和黄昆经典名著 *Dynamic Theory of Crystal Lattice*
（《晶格动力学理论》[1]）一书（国际上习惯地称为 Born &
Huang）中文版的译者，我们有机会聆听黄昆先生的教诲，毕
生受益无穷。

黄昆先生是举世闻名的伟大的中国物理学家。20 世纪 90
年代，本文作者之一（贾）和他所在的物理系的理论物理教授
茹宾·闵德兹谈起中国大学的教育情况。茹宾对中国物理学家
颇感兴趣，也有所了解。贾问他："就你所知，中国哪一位物理
学家在世界上颇有影响？"他几乎不假思索地立即回答："那当
然是 Kun Huang（黄昆）了。他和玻恩所著的《晶格动力学理
论》是最经典的物理学教科书，那是我大学和研究生时重要参
考书。直到现在，我仍要查阅那里的物理方程。"美国麻州大学

物理系主任说，他把这本书像圣经一样摆在自己的书桌上。

《晶格动力学理论》成书于 20 世纪 50 年代初 [1]。书中涉及了晶体中的声学声子和光学声子在各种情况下的物理方程，并基于这些结果，讨论了固体比热、热传导、弹性、相变、压电性、介电张量、电致伸缩、光散射、光极化及色散，非简谐势对光色散的影响，等等，都是那个时代比较热门的固体物理研究课题。相关的理论描述，对固体物理的研究发展起到了重大的作用。下面用几个例子来说明黄昆先生的理论对我们实际研究工作的指导作用。

1　电声子耦合及同位素效应

从 20 世纪 50 年代起，黄昆先生一直关注由晶格弛豫造成的电声子耦合方面的工作。在辐射跃迁方面，发展了发光光谱中由晶格弛豫造成的多声子跃迁谱 [2-6]。简而言之，黄昆理论的精髓就是在光学跃迁的矩阵元中，概括了电子和晶格的波函数，即

$$跃迁概率 \propto \left| \int \chi_{jn'}(Q) \left[\int \varphi_j er\varphi_i \mathrm{d}r \right] \chi_{in}(Q) \mathrm{d}Q \right|^2$$
$$= \left| \int \varphi_j er\varphi_i \mathrm{d}r \right|^2 \left| \int \chi_{jn'}(Q) \chi_{in}(Q) \mathrm{d}Q \right|^2.$$

最后得到包括零声子线的各条声子伴线的强度比值由黄昆因子 S 表示为

$$n^{th} peak \propto S^n / n! \,.$$

这种多声子谱，包括晶体中的色心发光、半导体及其微结构中的激子激发、发光材料和激光材料中发光中心与晶格声子

的相互作用。在这些材料中，特别是在低温下，通常能观测到来自纯电子跃迁的锐锋和伴随着这些锐锋的单声子或多声子边带。在一些发光材料中，由于更强的电声子耦合作用，这些电子跃迁的多声子边带，提供了宽带发射谱，这对发光材料的颜色质量的改进，起着极为重要的作用。对于激光材料，特别是3d 过渡离子掺杂的材料，这些声子辅助的宽带发射，为可调谐激光器提供了物理上的条件。黄昆先生在研究电子－声子相互作用的理论工作中，引入了电声子耦合常数 S，被物理学界称之为 Huang-Rhys 因子（以下简称黄昆因子），用来衡量电子－声子相互作用的强度[2-6]。有鉴于此，我们或许可以把电子－声子耦合态，称之为 Huang-Rhys 态，把依电声子发射谱做成的激光器统称为 Huang-Rhys 激光器。

作为本文的第一个例子，我们介绍电声子耦合作用中的同位素效应，所涉及的晶体是准一维反铁磁晶体[7,8]：$CsMnCl_3 \cdot 2H_2O$（CMC-H）和 $CsMnCl_3 \cdot 2D_2O$（CMC-D）。这两种晶体是分别从普通水和重水溶液中生长出来的，分别含有通常结晶水和结晶重水。磁性离子 Mn^{2+} 是晶体的基本成分，而不是掺杂。晶体具有正交结构，空间群 $Pcca-D_{2h}^8$。Mn^{2+} 离子处于严重畸变了的由 4 个 Cl 和两个氧组成的八面体中心，即具有很大的晶格弛豫。反铁磁转变温度 $T_N = 4.89K$。强的离子键沿 Cl-Mn-Cl-Mn 键分布（a 轴），沿垂直于 a 轴的 b、c 方向，晶体则以弱的 Cs 键和 H 键连结，使晶体具有近似的一维结构。Mn^{2+} 离子的基态 $^6A_1$ 和激发态 $^4T_1$ 具有不同的自旋多重态（6 和 4），因而其间的跃迁是自旋禁戒的，相应的辐射寿命通常在毫秒级。但由于晶格畸变及多声子耦合，其跃迁强度仍然是很可观的。

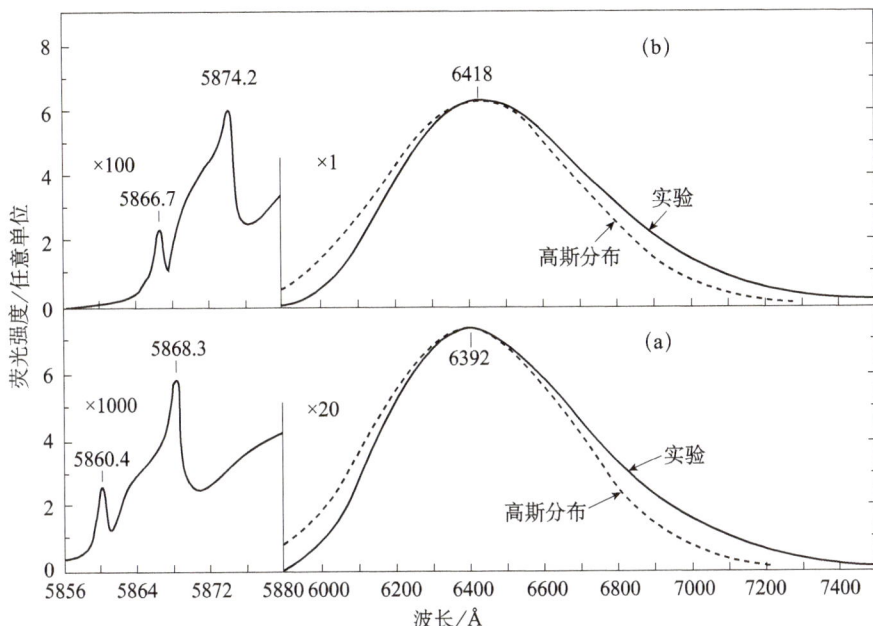

图1　CsMnCl₃·2H₂O(CMC–H) (a) 和 CsMnCl₃·2D₂O(CMC–D)(b) 中激子及其磁子边带与声子边带（π 偏振，T= 1.6K ）

图1给出两种晶格样品在1.6K 温度下 $^4T_1 \rightarrow {}^6A_1$ 的发射谱[8,9]。发射谱由三部分组成：弱的锐锋（586.0nm; 586.7nm），是纯电子跃迁峰；较强较宽的磁振子支助的电子发射峰（586.8nm, 587.4nm），由于磁振子在布里渊区态密度分布，该峰形状远离洛伦兹分布；最后又强又宽的发射带就是所谓的多声子支助的跃迁，常称为声子边带。在这里，电子的光能主要来自 Huang-Rhys 耦合态，从图1可以看到：

（1）同位素替代可引起发射谱线位移。由 H 到 D，零声子线红移了 18 cm^{-1}，声子边带红移了 65 cm^{-1}。这种红移来源于晶格的缩小和晶场的升高，导致 $^4T_1$ 能级下落。同位素替代引起的光谱位移早就被观测到。如在 $MgO:Cr^{3+}$，Cr^{3+} 同位素每增加 1，Cr^{3+} 发射线蓝移 0.13 cm^{-1}[10]。

（2）同位素替代 $D \rightarrow H$ 使零声子线强度增加了近 9 倍。

（3）除去发光强度外，含结晶水和结晶重水样品的发光谱线的强度分布形状几近相同。根据黄昆理论[6]，拟合出来的黄昆因子也几乎相同：

$$S_H = 9.5, \quad S_D = 9.7.$$

（4）对两种样品发射寿命的测量表明，同位素替代对发光寿命产生了极大的影响，含水 H_2O 样品的 0.58ms，增加到含结晶重水样品的 9.2ms，增长了近 15 倍。

（5）通过同位素替代实验，我们可以推断，含 H 和含 D 的多声子发射边带，卷入的仅仅是与 Mn^{2+} 八面体直接相连的配位离子相关的晶格振动模。在强耦合近似下，相关的多声子边带具有近似高斯分布形式。按黄昆先生的理论，可以求得多声子发射谱中的平均声子能量[6]

$$\hbar\omega[CMC-H] \approx 149cm^{-1},$$

$$\hbar\omega[CMC-D] \approx 150cm^{-1}.$$

这和这两种样品中低频 Raman 散射模的结果一致[11]。参与多声子辐射跃迁的声子模的频率，受同位素替代的影响忽略不计。

（6）另一方面，卷入无辐射跃迁过程的声子，应该是 H_2O 和 D_2O 相关的高频声子，即 H_2O 和 D_2O 的伸展振动模

$$H-O-H \ 3360 \ cm^{-1},$$

$$D-O-D \ 2700 \ cm^{-1}.$$

按照量子力学理论，多声子无辐射跃迁概率，依赖于跨越

从激发态到基态能隙（CMC-H，17065 cm^{-1}；CMC-D 17047 cm^{-1}）的声子个数（声子阶数）。声子数越小，（阶数越低），无辐射跃迁概率越大；相反，声子数越大，（阶数越高），无辐射跃迁概率越小。对于 CMC-H，需要 5 阶声子，对于 CMC-D，需要 7 阶声子，因此，在 CMC-D 中，无辐射跃迁概率要比 CMC-H 小很多。在紫外灯照射下，人眼看不见紫外光，只能看见由样品发出的可见光，CMC-D 的发射光要比 CMC-H 亮几倍。

假定 CMC-H 和 CMC-D 中多声子无辐射中，电声子耦合常数 S 相近。根据黄昆先生的理论 [6]，利用实验参数，如 τ_{D} = 9.2ms，τ_{H} = 0.58ms，能隙 ~ 17065 cm^{-1}，17047 cm^{-1}，CMC-H = 3360 cm^{-1}，CMC-D = 2700 cm^{-1}，可以得到电子 - 高频声子耦合的黄昆因子 S = 2.3。这是一个合理的估算值。

另外，请注意，在图 1（a）的 731nm 处和图 1（b）的 697nm 处都没出现相应的 2700 cm^{-1} 和 3360 cm^{-1} 的声子峰，再次表明，高频声子不卷入辐射跃迁。

（7）本实验涉及的是准一维单晶，激活离子 Mn^{2+} 沿 Cl-Mn-Cl-Mn-Cl 键分布（a 轴），键间距较大。因此处于 Mn^{2+} 激发态的电子将沿 a 轴传送自己的激发能量，因此陷入陷阱的概率大大降低，这使 Mn^{2+} 的"浓"系统的发光一直延续至室温。而在三维晶体结构中，如 MnF_2，在 30K 以上，其发光就淬灭了。在掺有高淬灭离子 Fe^{2+}，Co^{2+}，Ni^{2+} 的 CMC 晶体中，在室温下仍可观测到 Mn^{2+} 离子的发光 [12]。因此，具有低维度结构的系统，似乎具有较高的发光效率。这一点也可以在人造的低维半导体结构中观测到。如二维电子气、量子阱、量子线、量子点等，发光效率一般高于块状样品。

（8）这里介绍的准一维反铁磁晶体材料，并不具备实际应用价值，但它确是物理上研究电声子耦合的理想对象。当前红外有机发光材料，有机 LED 等颇受重视。在这些有机材料中，多含有 H 基集团，如 CH_n，OH_n，NH_n。它们都含有高频声子团。如果通过氘化过程，将 H 置换成氘，有可能使得这些材料的发光效率提高。

2　束缚激子的声子伴线的黄昆因子辨析

在 1972 年第一届全国半导体物理会议上，黄昆先生做了一个关于"局部声子与束缚激子"的邀请报告。在"文革"中科学界万马齐喑、极度闭塞的条件下，黄昆先生仍能敏锐地抓住当时半导体物理发展的前沿课题。本文笔者之一（葛）在现场聆听了黄先生的精彩报告，并在此后的工作中沿着这两个方向，做了一些有益的尝试。他在 1984 年从英国读完博士学位后回到中科院半导体所，直接在黄昆先生指导下工作。恰好那时法国一个著名的研究组在 GaP 中等电子中心 N 和 NN_i 对（下标 i 表示两个 N 原子的间距，i 值越高，间距越大）发光的声子伴线研究中，得出了极为反常的黄昆因子。N 和 NN 对在 GaP 中由于是等电子中心、深能级，成为非常有效的绿光发光中心。根据法国研究组的报道，NN_4，NN_5，和 NN_6 的光学声子伴线的黄昆因子 S 随温度剧烈变化，从低温的 0.2 左右，升高到 50—60K 时的 20 左右，再到高温时回降到 0.2 左右（见图 2）。其低温光谱如图 3 所示。而按照黄昆理论，S 不应当是一个温度敏感的参数。法国研究组不但做出了奇怪的实验结果，还试图在理论上推翻黄昆理论。黄昆先生对自己的理论充满自信，他表示如果对方的理论发表，他会予以评论。这样对方没有发表理论，但坚持自己的实验结果。

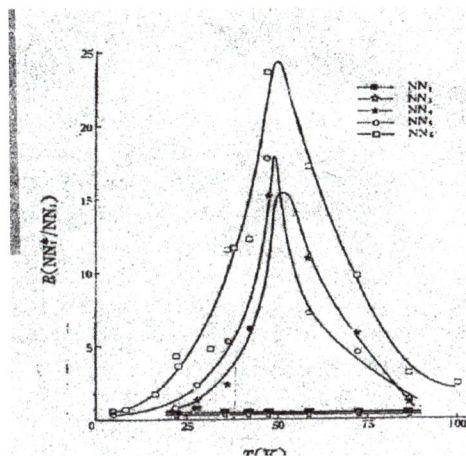

🔺 图2　法国研究组得出的表观黄昆因子与温度的依赖关系

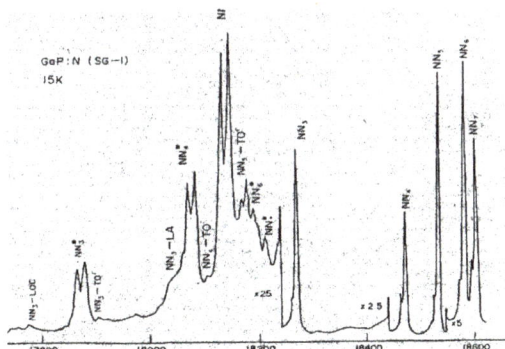

🔺 图3　GaP：N 光谱图（15K）

在黄昆先生的指导下，我们以判断性的实验结果证明[13]，法国研究组在实验中犯了光谱研究中一个最致命的错误，就是把谱线识别错了。原来随着温度变化，NN 对之间的载流子会互相转移。当温度升至 50—60K 时，NN_3 谱线相对于 $NN_{4,5,6}$ 的谱线相对地增强很多。而 NN_3 的声学声子伴线，恰恰和 $NN_{4,5,6}$ 的光学声子伴线相重合，因此，如果把 NN_3 的声学声子伴线当成 $NN_{4,5,6}$ 的光学声子伴线，就会误以为后者的光学声子伴线的黄昆因子得到了反常的提高。为了毫无争议地说明这一点，我们在光致发光（PL）实验中用可调谐激光器对样品做选择激发。当激发光的光子能量落在 NN_3 与 $NN_{4,5,6}$ 的零声子线之间时，后者（$NN_{4,5,6}$）及其声子伴线不可能出现，但在本该是它们的光学声子伴线的位置，仍然有很强的发光，那正是 NN_3 的声学声子伴线。也就是说，法国研究组错把 NN_3 的声学声子认成 $NN_{4,5,6}$ 的光学声子，于是得出荒谬的实验结果。在此基础上，我们认真钻研了黄昆理论，研究了产生声子伴线的形变势和极化势，从理论上也获得了 S 的实际量值的确为大约 0.2，并且基本不随温度变化，与实验结果完美相符 [14]。这件工作得到黄先生的充分肯定。

3　半导体中局域模声子的红外与拉曼光谱研究

在黄昆先生 1972 年的同一个报告中，介绍了当时刚刚起步的局域声子的研究，预言它在半导体杂质缺陷研究中会具有重大意义。所谓局域声子，是杂质后缺陷引起的有别于晶体简正模式的晶格振动模式。由于杂质或缺陷与原来晶格中的原子质量不同，与近邻原子的作用力不同，所产生的晶格振动频率可能落在简正模式声子的能带之外。特别当一个比较轻的元素作为杂质时，其振动频率会超出光学声子能带的上限，被称为局域振动或局域模（Local vibration mode, LVM），因为这种振动不会在整个晶体中传播，而是局域在杂质附近，如图 4 所示。局域模震动频率可以表达如下：

$$\omega_{\mathrm{L}}^2 = k_{\mathrm{imp}}\left[\frac{1}{M_{\mathrm{imp}}} + \frac{1}{\chi M_{\mathrm{nn}}}\right],$$

其中 M_{imp} 和 k_{imp} 分别是杂质的质量和它与最近邻原子间的力常数，χ 是一个由键角和键合力决定的参数，M_{nn} 是最近邻原子的质量。

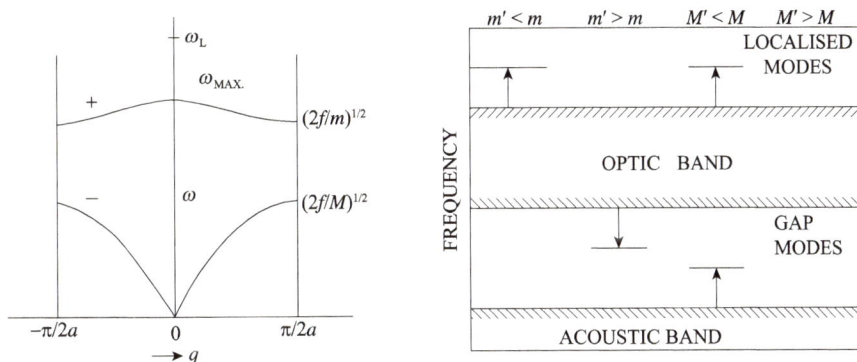

⟁ 图 4　局域模的示意图

（1）我们在局域模声子方面做了两件比较有意义的工作，一件是 20 世纪 80 年代末关于 GaAs 中 O 的局域振动的发现和研究[15, 16]，由于它与 GaAs 中最重要的深能级 EL2 密切相关，所以当时引起国际半导体物理界的重视，在国际半导体会议上曾列为专门的分会主题。相关的红外吸收谱比较复杂，在 710 cm^{-1} 到 730cm^{-1} 之间分为三组（A,B,C，见图 5），位置在每一组又分为三个小峰（见图 6），其相关的 O 原子占位模型见图 7。O 把砷原子替换了，但并未占据砷原先的位置，而是在最近邻的四个 Ga 原子中，断掉与其中两个的键合，只与另外两个结合在一起。所以观测到的局域模振动，与这两个 Ga 原子紧密相关。由于 Ga 原子有质量为 71 和 69 的两种同位素，所以两个 Ga 原子有三种组合的方式，使得观察到的 LVM 谱峰分类为三个尖锐的小峰，分别对应于 Ga^{69}-Ga^{69}，Ga^{69}-Ga^{71}，和 Ga^{71}-Ga^{71}。而这三个小峰的强度之比，与 Ga 的两种同位素的丰度比完全吻合。

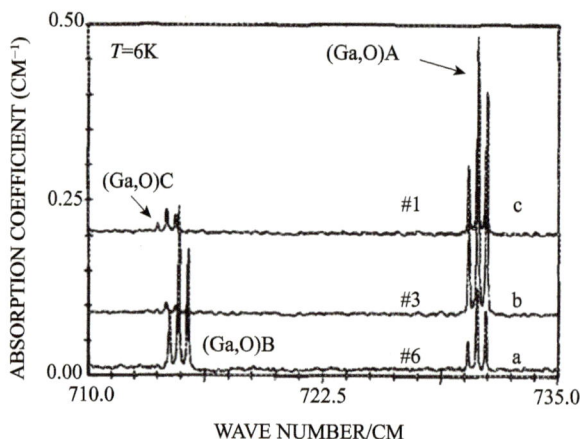

⊙ 图 5　O 在 GaAs 中的 LVM 红外吸收峰

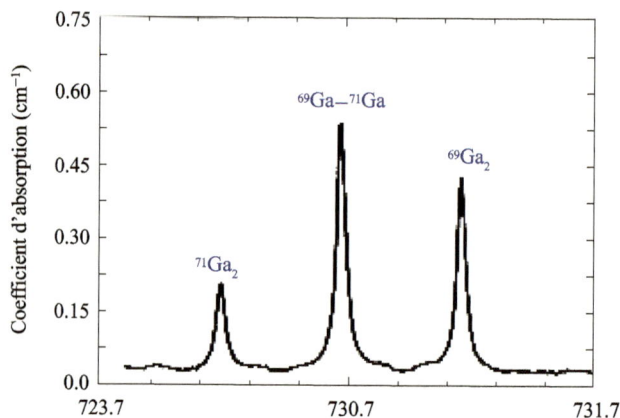

⊙ 图 6　Ga 同位素导致的谱线分裂

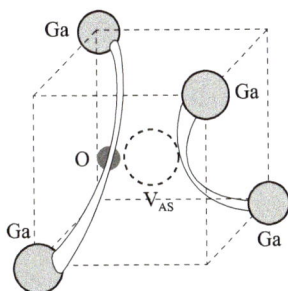

⬤ 图 7　O 杂质在 GaAs 晶格中的占位

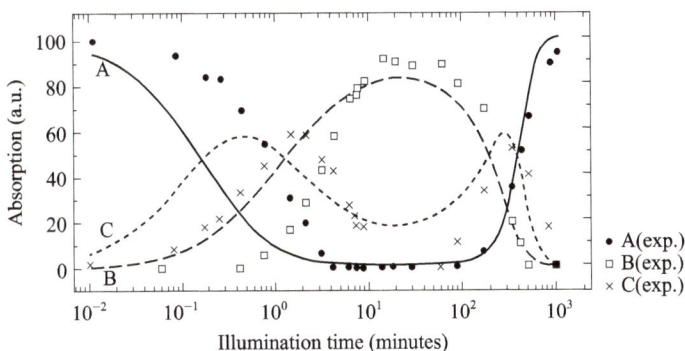

⬤ 图 8　A,B,C 三个峰随光照时间的强度变化。横坐标为光照时间（分钟）曲线为模拟结果

最有趣的是，当我们用 1.25 eV 的激光长时间照射样品以后，A，B，C 三组的强度度发生了奇妙的变化，如图 8 中的实验点所示。这是由于 A，B 和 C 三组吸收峰分别相应于 O^+，O^0，和 O^- 三个能级。而由于激光对 EL2 能级的激发和 EL2 能级反过来俘获导带电子，造成准费米在 O 的能级附近上下移动，它在三种电荷态的占据随光照时间而反复变化。我们据此做了模拟计算，得出图 8 中实线的结果，与实验基本符合。

（2）最近的一件局域模方面的工作，是关于 GaN 中的 C，2018 年发表在 *Phys.Rev.Lett.* 上 [17]。C 在 GaN 中是形成半绝缘态的关键杂质。但是 C 在 GaN 中占据的晶格位置长期处于争执之中。我们用红外反射谱和拉曼光谱，毫无质疑地确认了 C 主要是占据 N 位。我们的结果示于图 9 中，同时第一性原理计算也得到与实验完美一致的结果，参见表 1。 对于 C_N 的对称性也做了研究，证明在红外反射谱和拉曼光谱中所观察到的毫无疑问是占据 N 位的电荷为负一的 C 杂质。

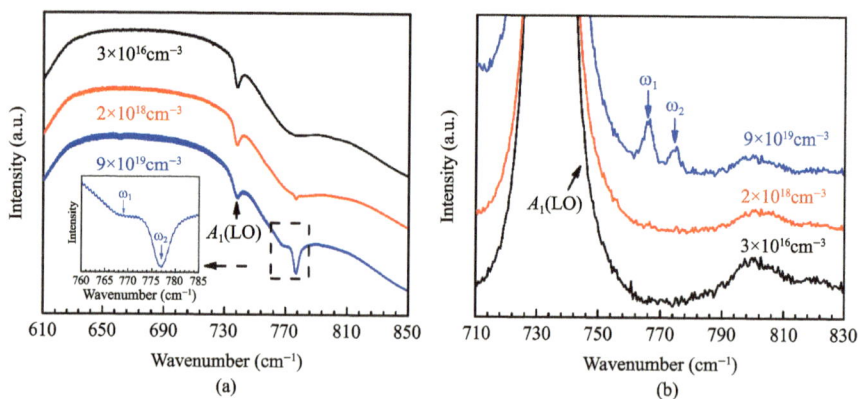

图 9 GaN 中 CN LVM 的红外反射 (a) 与拉曼散射 (b) 谱

表 1 C_N 峰的实验与理论比较

	C related defect	Calculation	Experiment
C_N^-	Frequency/assignment	$773(\nu_1)/A_1$	$766(\omega_1)/A_1$
		$778(\nu_2)/E$,	$774(\omega_2)/E$
		$781(\nu_3)/E$	
	Ratio (Nonpol.)	2.3:1.0	2.2:1.0
	Ratio $(\bar{z}(xx)z)$	4.4:1.0	4.3:1.0
	Ratio $(\bar{z}(xy)z)$	~0	~0
C_N^0	Frequency	726, 728, 759	...
C_N^+	Frequency	703, 715, 720	...
$C_N - O_N^0$	Frequency	757, 777, 803	...
C_{Ga}^+	Frequency	837, 840	...

4　基于 Huang–Rhys 电声子耦合态的可调谐激光器

最后，应该指出的是，在最近三四十年里，利用 Huang–Rhys 的电声子耦合态，发展出各种可调谐激光器，这包括 LiF 色心激光器、Cr^{3+} 离子金绿宝石激光器、Ti^{3+} 宝石可调谐激光器，及掺 Cr^{3+} 的氟化锂锶铝激光器。Cr^{4+} 掺杂的多种晶体曾用于制造近红外可调谐激光器。在研究这类激光器时，首先遇到的问题是它的纯电子跃迁峰的来源问题。图 10 给出 Cr^{4+}（$3d^2$）的简化了的立方晶场 Tanabe Sogano（TS）能级图[18]。图中的 $^3T_1$，$^3T_2$ 和 $^3A_1$ 能级是自由离子 Cr^{4+}（$3d^2$）基态 ^3F 在立方晶场劈裂能级，而 ^1E 则是由 ^1D 能级分裂出来的。这一能级分布图类似于红宝石激光器（$Cr^{3+}:Al_2O_3$）中 Cr^{3+} 能级图（$^4T_1$，$^4T_2$，$^4A_2$ 和 ^2E）。红宝石激光来自 ^2E 能级的发射[19]。在 Cr^{4+} 激光中，发光是来自 ^1E 能级，还是 $^3T_2$ 能级？ 这曾引起研究者们的困惑和歧见。澄清这一问题的最佳途径是在应力下测量发射谱的变化。由图 10 可见，E 能级大致与晶场强度轴平行，而 T 能级随晶场很快地升高。对红宝石而言，发射谱随压力的变化大约 $0.182\ \mathrm{cm}^{-1}/\mathrm{kbar}$。如果发射谱来自 T 能级，那么发射谱线随压力变化要快很多。我们设计了一个小巧的压力装置（图 11）[20]。这个装置可方便地加到光学用低温制冷机的冷指上。通过一个光学窗口，用改锥转动加压螺柱，可以调节加压应力。应力器中也加有红宝石样品，用来标定所加应力的大小。

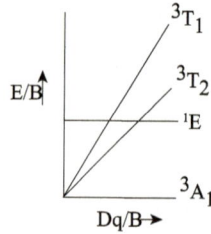

● 图 10　简化的 d^2 离子在 Td 晶体场中的 TS 能级

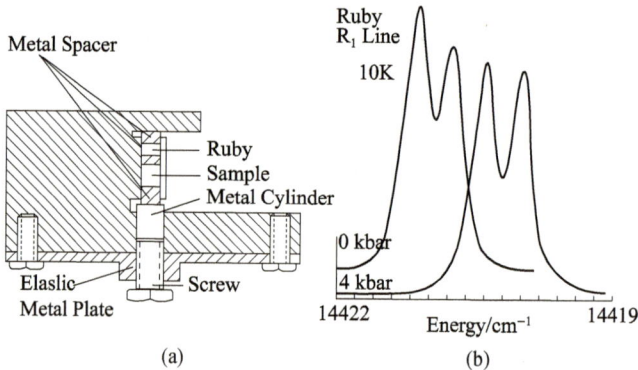

● 图 11　(a)：压力装置；(b)：校正压力的红宝石压力谱

作为一个例子，图 12 和图 13 给出 $Cr^{4+}:Mg_2SiO_4$（镁橄榄石）单晶的发射谱（零声子线部分）随应力的变化[21]。零压力下零声子线处于 1094.5nm（9137 cm^{-1}），1092.8nm（9151 cm^{-1}）和 1090.6nm（9169 cm^{-1}）。当压力沿晶体 a 轴方向时，零声子线几乎是同步地移向短波长，移动速度 10 cm^{-1}/kbar，是红宝石移速的 50 多倍。当压力沿 b 轴时，谱线随压力红移；压力沿 c 轴时，谱移很小（未给出数据图）。三峰同步移动，说明这三个发射峰来自 $^3T_2$，对应于自旋三重态的自旋 - 轨道分裂。这一分裂对晶场变化（应力所致）不敏感。图 13 所示是应力在 ab 平面，且偏离 a 轴 15° 时发光谱线的赝分裂。Mg_2SiO_4 具有正交对称性，

Cr^{4+} 替代硅四面体 SiO_4 中的 Si。每个单胞含有四个化学分子，因而有四个硅四面体，它们是等价的。当施加的应力偏离晶轴方向时，这四个四面体就只能两两等价了，在那里代入的 Cr^{4+} 离子也只能两两等价。而对于应力下不等价离子对的发射谱线就不同了，如图 13 所示。这种谱线分裂来自应力感生的非等价晶座，而不是同一晶座上的 Cr^{4+} 离子能级 $^3T_2$ 的轨道三重态。因此，图 13 所示的谱分裂称之为赝分裂。

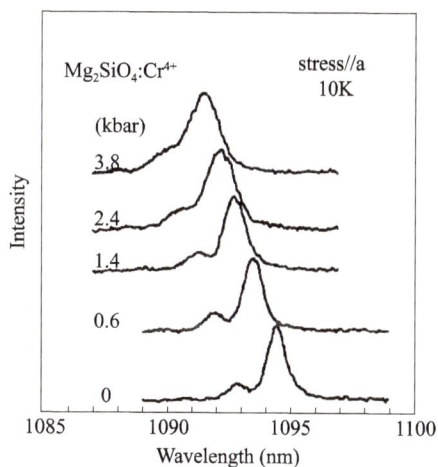

⚠ 图 12　镁橄榄石单轴应力（沿 a 轴）下的光谱。零声子线随压力蓝移

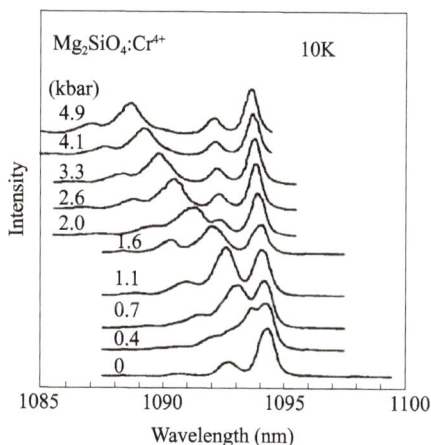

⚠ 图 13　掺 Cr 镁橄榄石的单轴应力（ab 面上，偏离 a 轴）近红外荧光的赝分裂

　　类似的应力实验也用于 $Cr^{4+}:Y_2SiO_5$ 和 $Cr^{4+}:Y_3Al_5O_{12}$，获得了类似的结果。我们曾用 $Cr^{4+}:Y_3Al_5O_{12}$ 单晶构建了一台 Q 开关激光器（图 14）和连续调谐激光器（图 15）[22]。和发射谱相比，激光的调谐曲线都向长波移动了。在室温下，发射谱和吸收谱有所重叠，激光的起始阈值由于激发态吸收而增高。这是 Huang-Rhys 激光器普遍存在的问题，但对应用没有什么大影响。

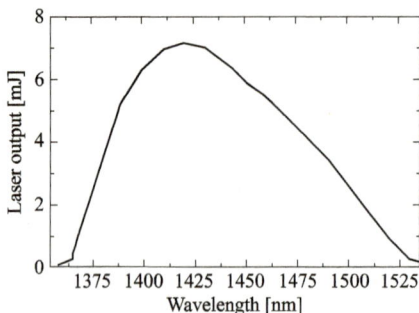

图 14　Q 开关泵浦的调谐曲线　　图 15　Cr:YAG cw 激光器的调谐曲线

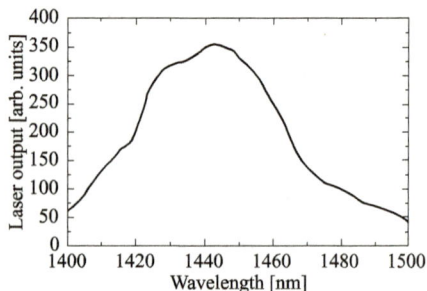

此外，前面曾提到，红宝石激光器（694.3nm）中 Cr^{3+} 受激发射的亚稳态是 ^2E 能级，它处于 $^4T_2$ 能级之下（参考图 10），称之为高晶场情况。^2E 能级与晶场强度轴几乎平行，意味着其上的电子与晶场或者说与声子相互作用很弱，不会出现电声子发射带。在 Cr^{4+} 掺杂的晶体中，亚稳态是 $^3T_2$ 能级，它处于 ^1E 能级之下（图 10），称之为低场情况。$^3T_2$ 能级随晶场很快升高，这意味着其上的电子与声子有很强的耦合作用，会出现强而宽的电声子发光带。这样的晶体适用于可调谐激光器。Cr^{3+} 也可以处于低晶场环境，如在金绿宝石中：Cr^{3+}: $BeAl_2O_4$。

5　结语

当我们回顾这些以往的工作时，深深感到能在黄昆理论和黄昆先生本人的指导下开展科研工作，实在是我们学术生涯中最大的幸事。黄昆先生的学问、治学和为人，都是我们终生的榜样。当《晶格动力学理论》一书重印的时候，译者之一（葛）负责了全书的重校，发现中译本存在许多小的笔误之类，而英文原版一点错误也没有。他当时无限感慨地写下了"重印后记"：

　　"《晶格动力学理论》是黄昆先生建树的一座丰碑，确立了他在固体物理学史上不朽的地位，也是他留给后人最宝贵的财富。面对这样一部辉煌的巨著，译者时时有一种高山仰止、诚惶诚恐的感觉。反复阅读其英文原版，不仅被它的博大精深所折服，也为它的严谨细腻而惊叹。"

　　就让我们以此来结束本文，借以表达我们对黄昆先生的崇敬和思念！

参 考 文 献

[1] 玻恩 M, 黄昆 . 晶格动力学理论 . 北京 : 北京大学出版社 , 1989

[2] Huang K, Rhys A. Proc. Roy. Soc. A, 1950, 204: 406

[3] 黄昆 . 中国科学 , 1980, 10: 949

[4] 黄昆 . 物理学进展 , 1981, 1: 31

[5] Huang K, Gu Z. Commun. Theor. Phys., 1982, 1: 535

[6] Huang K. Advances in Science of Chia. Physics, 1985, 1: 329-334

[7] Jia W, Strauss E, Yen W M. Phys. Rev. B, 1981, 23: 6075

[8] 贾惟义 , 严懋勋 . 物理学报 , 1983, 32: 346

[9] Jia W, Brundage R. T, Yen W M. Phys. Rev. B, 1983, 27: 41

[10] Imbusch G F, Yen W M, et al. Phys. Rev., 1964, 136: A481

[11] Jia W, Strauss E, Yen W M, et al. Phys. Rev. B, 1989, 39: 12853

[12] 贾惟义 , 严懋勋 . 物理学报 , 1983, 32: 867

[13] Zhang Y, Yu Q, Zheng J S, et al. Solid St. Commun., 1988, 68: 707

[14] Zhang Y, Ge W, Sturge M D, et al. Phys. Rev. B, 1993, 47:6330

[15] Song C, Ge W, Jiang D, Hsu C. Appl. Phys. Lett., 1987, 50: 1666

[16] Ge W, Song C. Proceedings of the 6th Conference on Semi-insulating III-V Materials, Toronto, 1990, 41

[17] Wu S, Yang X, Zhang H, et al. Phys. Rev. Lett., 2018, 121: 1545055

[18] Hömmerich U, Eilers H, Jacobsen S M, et al. J. Lumin., 1993, 55: 293

[19] Maiman T H. Nature, 1960, 187: 493

[20] Jia W, Liu H, Lim K, Yen W M. J. Lumin., 1989, 43: 323

[21] Jia W, Liu H, Wang Y, et al. J. Lumin., 1994, 59: 279

[22] Hergen E, William M D, William M Y, et al. IEEE. J. Quantum Electronics, 1993, 29: 2508

黄昆先生二三事

汪兆平

　　1960 年 9 月中国科学院半导体研究所正式成立。新所共设立九个研究室（研究组），其中九组是基础物理组，是做半导体物理研究的。九组由副所长王守武先生兼任组长，但包括我这个刚报到的新大学生在内全组只有四个兵，而且房无一间，暂时借用五室汤定元主任的办公室一角安家。随着国家科学事业的高速发展，五年多的时间，九组已经发展成为包括五个题目组近 30 人的大组，在半导体物理研究方面也做出一些成绩。1966 年"文化大革命"开始，不久九组就被解散了，九组的研究人员都被分散调到其他研究室改做半导体器件的研制工作。

　　"文化大革命"结束后，开始拨乱反正，一切工作逐渐走上正轨。主持半导体所研究工作的王守武副所长在百忙之中已经开始招回九组旧部，准备恢复半导体物理研究工作。部分过去的九组研究人员已经集中学习了，恰在此时，黄昆先生从北京大学调到半导体所任所长。黄昆先生是世界著名的物理学家，中国固体物理学和半导体物理学的主要奠基人之一。黄先生是专门做基础研究的，恢复半导体物理研究工作自然改由他负责了。黄昆先生除了继续招回九组旧部外，还调来了自己几个已经工作的研究生，特别是把半导体所原理化中心和其他研究室组搞测试分析工作的部分研究人员都调到一起，成立了一个比一般研究室还大的物理部。

🔺 黄昆在半导体研究所办公室里工作

半导体物理的研究队伍建立起来了，但大家的水平参差不齐，大多数人理论水平不高，迫切需要进一步学习提高。黄先生建议把物理部最大一间房间布置成学术报告厅，用来开展学术交流活动，许多国内外知名学者包括多名诺贝尔奖获得者在这里介绍过他们的研究成果和最新进展。学术报告厅平时就用作物理部开会上课的教室，黄先生就经常主动给大家讲课。黄先生的讲课水平是全国闻名的。我在北京大学物理系半导体物理专业念书的时候，上过他的固体物理课。黄先生口才好，讲课生动，特别是他能将难懂的物理概念深入浅出地讲解得清清楚楚，使学生受益匪浅，非常受大家欢迎。我们建立拉曼光谱实验室的时候，黄先生就主动给我们讲了拉曼散射理论。本来就是给我们3个人讲的，但物理部的都来了，所内的研究人员也来了不少，挤满了学术报告厅。黄先生的讲课还被记录下来，整理成册印发给大家学习。黄先生还系统地给大家讲了半导体能带计算理论以及其他基础理论，黄先生的讲课为物理部的研究人员打下了比较坚实的理论基础。

改革开放后，国家又开始派遣留学生去国外学习，半导体所也有计划地安排所内的研究人员分期分批地到国外访问工作。黄先生非常注意国外访问工作的质量，他选择一些高水平的研究所和国际著名的专家作为对象，推荐物理部的研究人员去访问工作。他亲自写信给德国马克斯普朗克协会固体物理研究所所长卡多纳（M. Cardona）教授，推荐我去他的研究所访问工作。其实黄先生当时并不认识卡多纳教授，但卡多纳教授很快回信说，我认为你是中国最有资格的推荐人，很高兴接受你的推荐。黄先生还关注我访问

▲ 1987 年黄昆在北京中科院半导体所作学术报告

工作的进展，在我访问工作一年到期前给我写信，看到我发表的文章后，对我的研究工作表示认可，要求我申请访问工作延长一年。这时黄先生也开始招博士生，他培养研究生的认真负责态度在国内是少有的。黄先生会亲自带着研究生一起查文献，搞调研，定题目，定方案，做计算，研究生写出文章后他再审查修改。所以黄先生一次一般只带一个研究生，最多也就同时带两个研究生。他培养的研究生和助手不多，但水平都很高，许多都成为中科院院士，甚至研究生的研究生都当上了中科院院士。黄先生对他负责的工作就是这样极端认真负责，凡事亲力亲为，从不假手他人，他没有自始至终全部参加的工作和文章从不挂名，这是他做人做事的一条原则，令人敬佩。

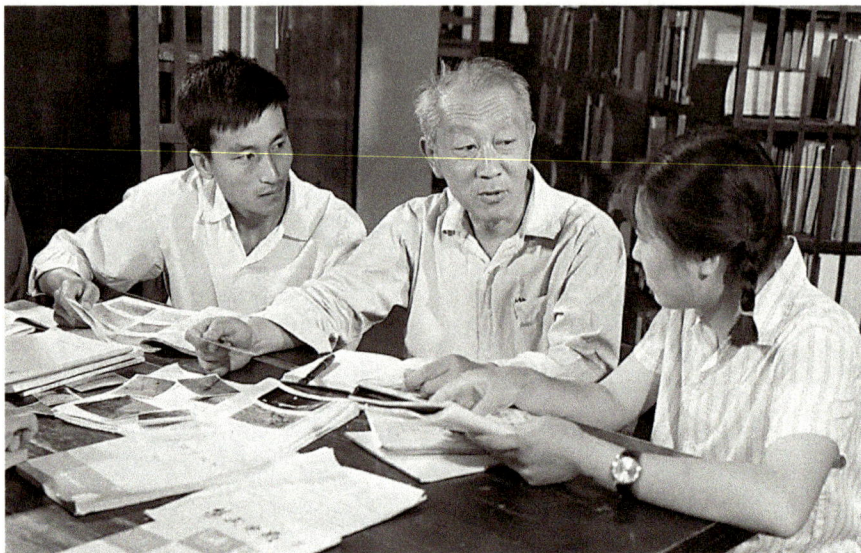

🔺 1976 年 8 月黄昆与北大学生一起编教材

　　1951 年，黄昆先生从英国回到北京大学任物理系教授，在十年多的时间中，他先后在普通物理、半导体物理和固体物理三门课程的教学中建立了有自己特色的教学体系，出了专著，带出了教学接班人。他还牵头创办了五校联合半导体专门化，为国家的半导体科技事业培养了大批的人才。在北京大学工作期间，他的主要工作是教书育人，研究工作比较少。1977 年从北京大学调到半导体所任所长，在大量的领导和事务工作之余，他不但招了博士生，还抓紧时间开展研究工作，进一步发展和完善了他过去在晶格动力学方面的理论。1983 年黄昆先生改任半导体所名誉所长后，更是全力投入了研究工作。他和他的助手以及博士生开始研究半导体量子阱超晶格物理，他们的工作建立了二维半导体结构的电子态和晶格振动理论，特别是关于超晶格光学振动的理论被国际学术界命名为"黄（昆）朱（邦芬）模型"。在此同时，黄先生确定半导体超晶格作为发展方向，带领物理部的各课题组逐步向半导体超晶格物理研究领域转移，最终建立了半导体超晶格国家重点实验室。物理部大部分课题组进入半导体超晶格国家重点实验室，少部分课题组进入表面物理国家重点实验室。十年物理部就此结束，半导体物理研究却上了一个新的台阶。各个课题组的研究工作在黄先生指导下进展都很顺利，获得许多奖项，以至于在国家实验室评比中半导体超晶格国家重点实验室一直都名列前茅。

我在北大读书期间有幸直接和间接得到黄昆先生的许多教诲，"文化大革命"结束后，又跟随黄昆先生做了一些半导体物理研究工作，长期以来受益多多。在此黄昆先生诞辰 100 周年之际，结合半导体所的基础物理研究工作，仅就我所经历的几件事写下来作为对黄昆先生的怀念。

纪念黄昆先生[①]

姬　扬

⚠ 燕京大学毕业照

　　黄昆（1919 年 9 月 2 日—2005 年 7 月 6 日）是著名的物理学家，长期从事固体物理理论和半导体物理学的研究和教学工作，是中国固体物理学和半导体物理学的奠基人之一。今年是黄昆先生的诞辰一百周年，他离开我们已经十四年了。

　　黄昆出生于 1919 年，第一次世界大战刚刚结束，中国作为名义上的战胜国却在巴黎和会上遭遇耻辱性的外交失败。这一年还不是中国历史上的最低点，此后还有多年的军阀混战、日寇

① 本文转载自《自然杂志》2019 年第 5 期。

入侵、全民抗战，中国虽大，却难以放下一张安静的书桌。

黄昆不幸出生于风雨飘摇、动荡不安的旧中国，但又有幸出生在一个富裕而有教养的家庭，从小就接受了良好的教育。他在中学打下了数学和英语的深厚基础，在燕京大学物理系养成了主动学习的习惯。西南联合大学的条件当然很艰苦，他在那里受到了当时条件能够允许的最好的科研训练，还结识了一批当时中国最优秀的老师和同学，比如说吴大猷和周培源，比如说著名的杨振宁。也许可以说，黄昆最初的 25 年，是在国家不幸的大环境里度过了个人有幸的求学时代。

然后有了一个短暂的时刻，国家和个人都看到了美好的希望。黄昆考取了留英公费生，而抗日战争也终于取得了胜利。1945 年秋，黄昆来到英国，开始了他的第一次富有成果的科研经历。他的博士导师莫特（N. Mott）和博士后导师玻恩（M. Born）都是伟大的物理学家，对黄昆今后的学术风格产生了重要的影响，不求泛泛的博学多闻，而是集中精力于自己感兴趣的问题。"学习知识不是越多越好、越深越好，而是要与自己驾驭知识的能力相匹配"，黄昆的这段名言也许就发源于这段时期。黄昆自己的研究成果也非常出色，他从理论上预言了稀固溶体中 X 射线的"黄散射"，建立了描述离子晶

学习知識不是越多越好越深越好而是应当与自己驾驭知識的能力相匹配·

黄昆
一九九〇·十一月

体长波光学振动的"黄方程"，还和里斯（Avril Rhys，1926—2013，中文名字是李爱扶）提出了在晶格弛豫基础上的多声子光跃迁和无辐射跃迁理论——这个"黄－里斯理论"不仅奠定了固体中杂质缺陷上束缚电子态跃迁理论的基础，也见证了两个异国青年男女的爱情。他和玻恩教授合著的经典著作《晶格动力学理论》也主要是在这个时期完成的。在这六七年的时间里，中国的历史进程是波澜壮阔，黄昆的个人经历是风平浪静，但他们都实现了预期的目标，在各方面取得了丰硕的成果。

这时候，国家和个人再一次看到了美好的希望。1951年底，黄昆回到了祖国，投身于新中国的建设事业中，开始了他在北京大学二十多年的教学生涯。普通物理、固体物理和半导体物理的教学，《固体物理学》的编著，《半导体物理学》的编著（与谢希德合著），占据了他很多的时间和精力。当时正是半导体科学技术迅速发展并向其他高科技领域渗透推进的时代，黄昆参与制定了国家十二年科学技术发展规划，特别是其中的《发展计算技术、半导体技术、无线电子学、自动化和远距离操控技术的紧急措施方案》，并担任"五校联合的半导体专门化"教研室的主任，与五所大学的三十多名老师一起培养了中国第一批半导体科技的专业化人才。黄昆回国的时候，也许还抱有更大的志向，也许想效仿他的导师莫特，成为科学的领袖。1947年他在写给杨振宁的信里说，"我们衷心还是觉得，中国有我们和没有我们，makes a difference。"可惜的是，半导体科技固然重要，但当时的国家百废待兴，大部分科技资源都要投入到更迫切的任务中，比如说著名的"两弹一星"，中国并没有赶上半导体科技飞速发展的大潮。然而，生活从来都是这样，岂能尽如人意，但求无愧我心。

历史重新回到了正轨。1977 年，由邓小平直接提名，黄昆来到中国科学院半导体研究所担任所

🔺 黄昆在半导体所图书室里阅读文献

长，开启了他的第二次富有成果的科研经历。"老牛亦解韶光贵，不待扬鞭自奋蹄。"在这十几年的时间里，黄昆推进了中科院半导体所的科研工作乃至提高全国半导体物理研究的学术水准：重新召开两年一度的"全国半导体物理学术会议"，在全国倡导半导体超晶格微结构的研究，筹建半导体超晶格国家重点实验室，等等。他还再次投入到科研活动中，重新研究了多声子无辐射跃迁过程，澄清了该领域 30 年来的一些混乱情况，建立了相应的"绝热近似和静态耦合理论"；他在半导体超晶格物理学的一些专门领域里做出了优秀成果，特别是和朱邦芬合作建立的关于半导体超晶格中光学声子模式的"黄–朱模型"，重新取得了国际性的学术声望。现在看来，以他年轻时的抱负，参照他晚年的余晖，如果在年富力强的时候遇到更好的环境，黄昆肯定可以在学术和其他方面做出更加杰出的贡献……但无论国家还是个人，都走了一些弯路。

在人生最后的十几年里，黄昆过着平静和幸福的生活。他还经常来上班，因为他是半导体所的名誉所长，那时候也没有

院士退休的制度。帕金森病影响了他 80 岁以后的生活，但并没有影响他和李爱扶的金婚纪念。黄昆获得了很多荣誉，包括 2001 年的"国家最高科学技术奖"，这不仅仅是肯定他为时不长但成果丰硕的学术研究经历，更多是认可以他为代表的一代科学家对中国半导体科技事业的无私奉献，也许还包含了国家对半导体科学技术能够进一步推动国民经济和国防建设的期望。

▲ 2002 年，黄昆与李爱扶风雨同舟一起度过了 50 年

1919 年黄昆出生的时候，中国正处于救亡图存的关键时刻，"神州陆沉、百年丘墟"很可能重演甚至更糟，当年爆发的"五四运动"是旧民主主义革命和新民主主义革命的分水岭。黄昆的成长环境和人生选择使得他没有成为像费曼（R. Feynman, 1918—1988）或者杨振宁那样伟大的物理学家，但是他把一生贡献给了中国的半导体科技事业，确实做到了"make a difference"，尽管并不一定达到了他当年的期望。毕竟有那么

一句话，"一个人的命运当然要靠自我奋斗，但是也要考虑到历史的进程"。

在纪念黄昆先生诞辰一百周年的时候，正是中华民族伟大复兴的关键时刻，中国的经济发展从来没有像现在这样迫切地感受到半导体科技的重要性——中兴事件和华为事件，时刻提醒着我们在半导体科技以及产业领域还很落后。以黄昆为代表的几代科技工作者尽到了最大的努力，在艰苦卓绝的条件下培养了一批批的新生力量，保证中国没有彻底掉队，他们完成了自己的任务，今后的发展需要现在和未来几代的科技人员，因为每一代人都有自己的任务，"如果人生真有意义与价值的话，其意义与价值就在于对人类发展的承上启下、承前启后的责任感"。

🔺 1992年6月1日，北京大学在勺园餐厅举行周培源先生九十大寿庆祝晚宴。晚宴前，当年西南联大时期的三剑客：杨振宁（右），张守廉（中）和黄昆（左）三位老友重逢一起，留下了一张珍贵的合影

1998 年黄昆的 Interview[①]

⚠ 抗战时期国立西南联合大学校舍旧影

江：您和杨振宁先生大概最早见面是在西南联大？

黄：对，1941 年。我 1941 年毕业就到西南联大物理系做助教，那时候他是 4 年级的学生。我是燕京大学毕业的，在燕京时有个很好的同学叫张守廉。他在燕京念了 2 年，第 3 年就到了西南联大，与杨振宁同班。因为他原来跟我是好朋友，所

---

① 1998 年 5 月 6 日下午 3 点半，黄昆教授在北京市中关村黄庄住所接受了台湾学者江才健的访问，回忆了他与杨振宁先生交往的一些小故事，由此可见两位科学大师之间的友谊与情怀。采访录音由许晨整理，并加稍许注释。本文转载自《物理》2019 年第 8 期。

以到了那以后，我很快就跟杨振宁熟悉起来。

江：那是 1941 年什么时候？

黄：1941 年 10 月。

江：10 月，就是新学期开始。

江：您是什么时候到的昆明？

黄：我是 1941 年 10 月里到的。那时候复杂，就先到香港。

江：您是坐船从天津到香港？

黄：我先到青岛，接我未来的嫂子一起去昆明，她当时在青岛。然后经过上海到香港，再到广州湾，然后就主要是广西、贵州到云南，走了两个半月。

江：两个半月，这么久？

黄：在香港等船的时间比较长。

江：您一到昆明就直接去了学校（西南联大）？做助教？

黄：对，物理系助教。当时清华和北大本科是不分的，都算是西南联大。到了研究生阶段就分开，清华是清华，北大是北大。我是北大的研究生，杨振宁是清华的研究生。那时候上课在一块，我们班总共，好像跟他记的不太一样，我记得我们班 4 个人，张守廉、我、他，还有杨约翰[①]。杨约翰那时候是搞实验的，我们 3 个都是搞理论的。他后来到哪去了不知道。

江：那时候有哪些老师呢？

黄：我是吴大猷的学生，杨振宁是王竹溪的学生，周培源

_____

[①]　当时西南联大物理系研究生除黄昆、张守廉、杨振宁之外，还有应崇福和黄授书。杨约翰 1942—1944 年在联大物理系读研，导师是赵忠尧，但他没有毕业。（见杨振宁文 [89c]，《曙光集》，十年增订版，2018）

是张守廉的导师。

江：当时您是 22 岁，杨振宁先生 19 岁？大家在一块儿就很熟，住在一起吗？

黄：我是 1919 生的，他比我小 3 岁。原来他在 4 年级住学生宿舍，我是助教，自己住在助教楼里。到后来在研究生的时候，我们一起在昆华中学，他教物理，我教英文。在那儿教书所以 share 一个房子，因为那时候住房情况很紧张，学生宿舍条件太差。杨武之先生（编者注：杨振宁之父）的老朋友是昆华中学的校长，所以就为了住房的缘故，我们去教一门课，主要就是解决住房问题。我们三个在一起住了半年[①]。

江：这个昆华就是昆明的昆吗？

黄：昆明的昆，中华的华。

黄：研究生毕业后，当时国民党政府禁止收留人，我们都得各自奔前程。我当时在天文研究所，有一个凤凰山天文台，在那里头工作。他那时候就教，我记得是联大的附中。1944 年之后，我们两人研究生就结束了，各奔前程。

江：所以你俩 3 年在一块，1941 年到 1944 年。

黄：不过中间离开了学校，因为我到吴大猷那边做研究生的时候，我住在吴大猷那儿。那时候为了躲避轰炸，吴家是在岗头村，后来他摔了一跤，从马车上掉下来，我们觉得他跑来跑去不太安全，所以我到他那地方住宿。因为他家正好跟实验室在一起，于是我就住在实验室，有 1 年时间。我跟杨振宁都

---

① 见杨振宁文 [89c]，《曙光集》，十年增订版，2018。

是研究生，但有 1 年我基本在岗头村，可能他还在学校。

江：您 1992 年时告诉我说，你俩在一块谈很多物理方面的话题，什么仰视俯视看物理，上看下看……

黄：对，"俯视"和"趴视"。趴视是杨振宁发明的，俯视当然原来就有这个说法。他的意思是做学问，要站得高，要俯视，不要趴视。

江：他喜欢说话吗？

黄：我们几个人都爱聊天。

江：开始上课的时候，他有什么特别之处吗？喜欢问什么问题呢？

黄：杨振宁跟张守廉两个人，在我心目中都是天才，我是普通人，他俩都是相当突出的。当时比较难的一些课程，在他们来讲都不在话下，上课一听就懂，就能够运用。当然杨振宁那时候就很出名，在西南联大里就传言过他有可能得诺贝尔奖。当时就是，至少我是听到过。

江：杨武之先生很早给杨振宁看了很多群论之类的书。他数学特别好？

黄：他的数学特别好。

江：您觉得他看物理，谈问题的时候，个性是怎么样的，是不是很独特？

黄：非常正常的一个人。有的天才，奇怪得很，有些特别。他的人际关系什么的都非常好，为人很周到。他和人相处，朋友也好、家人也好，都有很深的感情，他非常正常。当时张守廉就叫"张怪"，当然他也是有选择性的"怪"，但也不是怪的不得了。杨振宁好像从来是各个方面关系都处理得非常非常好。

江：跟朋友在一起的谈话，他带头吗？有没有很特别？

黄：我们都喜欢 argue，但是我更偏激一点，他比较摆得正。

江：您那时候的个性比他还要强？

黄：我有点偏向走极端。他最近还在讲我这个走极端，就是习惯把话说得过头，他是比较持平一点。

江：上课除了王竹溪、吴大猷，还有哪些老师？

黄：周培源、赵忠尧。

黄：周培源教流体力学，赵忠尧教核物理，王竹溪教热力学统计物理。搞核物理有好几个，有位张老师[1]，现在想不起来名字。原来在燕京后来到西南联大的，等想起来我再说。

江：因为课程和学生很少，老师教课是常和大家讨论？

黄：我们在茶馆里待的时间非常多。杨振宁写过一篇文章，专门讲我俩的关系。他后来在香港也发表了一篇文章，那篇文章主要讲我们两个人在西南联大一起的生活。他跟我的回忆好像有点不一样，就是我记得那时在茶馆里待的时间比较多，他只觉得好像有时候到茶馆，可是我记得几乎整天泡在茶馆里，有时间去上上课。除了上课以外，就在茶馆里[2]。

江：茶馆就在学校附近？

黄：学校附近有好多茶馆。

江：就是这样子，喝杯茶，坐在那里就好。

---

[1] 指的是张文裕。

[2] 见杨振宁文 [89c]，《曙光集》，十年增订版，2018。

黄：反正所谓喝茶都是坐很长时间，一坐就好几个钟头。我们总是在那儿高谈阔论，大概在当时小有名气，我们三人是高谈阔论最突出的。

江：有什么外号么？"三剑客"？

黄：我并不记得有"三剑客"，现在传闻是有，周培源也总是这么说，我并不记得有这么回事。我很奇怪这说法哪来的，我不记得。也许当时有人说但我不知道。那时我们三个人在茶馆里面，我觉得比较突出的意思，就是喜欢 argue，而且声音可能也是最大的，是最吵闹的，待的时间也最长。

江：除了谈物理，还谈别的吗？

黄：什么都谈。

江：你有没有记得什么特别有趣的？

黄：我记得就是说看小说，读到最后阶段，我们会分成两派。后来我的表弟也加入了，他比我小几个月，原来在中央大学学生物的。

江：那时候重庆中央大学？

黄：是的，他研究生考到西南联大的生物系，后来跟杨振宁关系非常非常好，原来是因为我的缘故跟杨振宁熟悉。之后他俩的关系，跟我和杨振宁的关系也差不太多，非常密切。那时候分两派，我跟张守廉一派，杨振宁跟我的表弟是一派。那时候他俩对人道主义特别感兴趣，也非常钦佩，我那时候不以为然。

江：为什么？

黄：我也没什么太大道理，就是说我不像他们那么重视。

那时候一起看小说看得也不少，我可能看得更多一点。所以谈天说地什么都有，小说什么也在其内，总是争争吵吵的。

江：你们有没有什么嗜好，除了谈话还做什么？不打桥牌？不下棋？不打球？不爬山？

黄：杨振宁是不是下棋我不知道，从我来讲就是这样的。他如果下棋应该也不多，好像他会下一点，因为他父亲杨武之先生围棋下得很好。

江：不打球？不做运动？

黄：不做运动。

江：那个时候有没有交女朋友？

黄：我们都没有。

江：男孩子在一起难免谈论感情的事？

黄：我们之间好像很少谈这些，都是在谈学问。至少我的记忆里好像没有涉及到讲恋爱或者爱情的问题。我现在想起来觉得比较奇怪，不过当时很自然就是，可能志趣都在学问，主要的志趣在科学。

江：我曾写过《吴健雄传》，知道在写传记的时候，一般的人也会很关心情感话题，所以我会问起这类事情。

黄：也许在西南联大整个风气就是做学问，可能讲恋爱的还是少数。

江：那时上课是讨论的氛围？

黄：还是老师教课。我那时候的旁听课听了很多很多，因为原来的燕京上课上得很少，到那儿觉得五花八门的课很多。

江：您原来在燕京也是学的物理？

黄：也是物理。

江：可是你比他们还早一点。

黄：早一点，但我课程学得很少，好多课只有西南联大有，其他地方都没有。包括数学也上，我听课听得比较多，听了也不复习，所以也不大懂。

江：你们还去学别的课吗？除了物理。

黄：好像我们共同上课不是太多，后来我们班研究生时候，大概就几个共同的课，此外好像没怎么太多。

江：你们那时候穿着怎么样？

黄：穿衣服都比较普通吧，可能我穿的还是干脆一点，因为从北京去的，他们有比较多的年轻的人在昆明，可能显得更土一点。

江：您跟吴大猷做学问，那时候认得李政道吗？

黄：我只跟李政道见过一面。1945年我出国前到吴大猷家去，正好碰到他。我出国的时候，他才2年级。

江：在西南联大还有什么特别的，您觉得有趣的故事？

黄：没记什么故事，只记得他们。我在岗头村，还有后来到天文台，我不在昆明的时候，还是有那么几次杨振宁专门去看我，要是我的话我不会去看的，因为也不是很方便。他对我，他做人一直是很周到的。对朋友感情都比较好，我这人在这方面人际关系是比较差的。跟他对比起来特别明显的是，我去两个地方，不在昆明，他都去看过我，当时是跟我表弟一起去的。

江：就是您的那位在重庆中央大学的表弟？

黄：是的，叫凌宁。

江：后来您和杨振宁都是 1945 年底坐船到美国去的？

黄：我们都是 8 月，1945 年 8 月。我去英国，我离开时还不知道（他的行程）。因为我俩一个是庚款留英，一个庚款留美。我出发是 8 月 10 号左右。我先坐飞机到印度，然后在印度等船。就在我等船的时间，杨振宁那边也通知他们出来了。他们时间非常快，不像我们庚款留英等了差不多有半年多时间，等到第 2 年的时候出去，有点遥遥无期这样，后来过了大概半年多，差不多 1 年。发榜是 1944 年 8 月，所以在这段等待的时间里，还不确定到底出得去出不去。杨振宁他们那边根本没信儿。等我 1945 年 8 月出国的时候，他还送我到飞机场，那时候还不知道他能出国。我在印度时，他来信说他也到了印度，在 Calcutta 等船，而我是在 Mumbai 等船，所以在印度没有碰见，只是通信沟通了一下。所以因为这个原故，我记得他是 1945 年 8 月，我也是 1945 年 8 月。

江：你们是 1944 年毕业就考了庚款？

黄：留英庚款需要毕业以后，过 2 年才能报考，那时杨振宁还没能报考。留美他是考的，留英他没考。

江：哦，因为您已经毕业 2 年了。

黄：对，我比他早 1 年毕业，所以我能考留英，他只能考留美。他是 42 年毕业。

江：那所以你去了英国，他去了美国。

黄：张守廉、杨振宁和我都考了留美。因为杨振宁条件是最好的，所以我们两个都躲开他考的那个物理，因为物理只有一个名额。所以我考的气象，张守廉考的是无线电。结果我们两个都没录取，就杨振宁录取了。美国没考上，后来庚款留英考取了。

江：您后来是在英国哪儿?

黄：在 Bristol。

江：在英国待了好多年?

黄：到了 1951 年就回来了，回国了。

江：您直到 1971 年才再次看到杨振宁?

黄：就是他第一次回来。

江：在这以前也没有通信?

黄：那时候写信主要就是劝他回来。他父母也希望我写信能够劝他回来。

江：那么他接到你劝他回来的信，他有回信吗?

黄：他回信了。

江：他没提回不回来的事情?

黄：我不记得，当时他怎么表达的，我不太记得了。

江：以后见面第一次是在 1971 年什么时间?

黄：5 月 ①。

江：回来了多长时间?

黄：一两个月。

江：您当时跟他见面了? 在北京。

黄：对。每次他来华的时候，上面都问一问他希望见谁。他就说我、邓稼先、周光召，还有我哥哥黄宛。他们在芝加哥

---

① 应为 1971 年 7 月。

时在一起，黄宛是医生，那时已经结婚了，家在芝加哥。听说
杨振宁他们经常上他家里去[①]，很熟悉。

▲ 1974 年，黄昆、邓稼先、黄宛、周光召、杨振宁（从左至右）游览北京颐和园时
合影

江：你俩见面是在您家里？

黄：不，那时候家里的情况太不体面，当时很在乎，就觉
得太不好看了。现在大概一看，家庭情况，房子情况比那时候
好得多。我这个人就一直是这样，那时候觉得不够体面，要是
见面就到我哥那个地方去。

江：黄宛那时已经回国了？

黄：对，他比我回来早一点。

江：在他家里见面？

黄：一般都在外面，不在家里。

---

① 1948—1949 年杨振宁和黄宛夫妇合租一个公寓，在芝加哥大学附近。

江：1971 年是第一回了，当然以后见的次数就多了起来。

黄：对，前几年每一次来都见面，到后来他来的多了，他搞他的业务，我搞我的业务，一般不大见面。

江：好朋友分别 26 年再见面，您对那天有什么特别的记忆吗？

黄：想不起来有什么特别的。就是有一点膈膜，因为那时候我们见面，他是外宾，客人似的。我们出面接待，好像接待外宾，虽然我们是朋友，可这么多年没见，而且那个格局，比如他来在国内当作政治上的一件大事，上面非常重视，所以我出面吧，不完全是私交，一切显得正式一点。

江：杨先生那时诺贝尔物理学奖得了十几年了，您觉得他的个性、做人、人生的态度、对政治的看法等有什么变化吗？

黄：我只是觉得他非常 active。对比起来，我就是很少活动的，越来越不参加活动。而他参加的活动越来越多，他当时有客观原因，所以客观上要他出面的也很多，出面多了以后他也比较适应。所以我们两个人有点不大一样。当时在昆明的时候，不是这样的，发展这么多年，各有特点。

江：在昆明的时候，你的硬件恐怕比他还要更强一点。

黄：年纪也稍微大一点，他还特别年轻。

江：从 1971 年到现在，这中间有什么特别的故事吗？

黄：特别的故事，就是我爱人来的时候，我们的钱不够。

江：哪一年来的？

黄：我是 1951 年回国，我爱人（李爱扶）是 1952 年来中国的。路费是杨振宁帮助了一下，给了一部分钱，那时候他也不是很有钱。我跟爱扶说请杨振宁帮助一下，给钱让她坐船来中国。我忘了是多少钱。她很感谢杨振宁。

江：她从英国来？

黄：对，我爱人是英国人。

江：您说杨振宁 1952 年时在 Princeton，还没有去 Stony Brook。

黄：那是 1952 年，Stony Brook 是肯定没有。中间是在芝加哥还是在 Princeton 我也记不太清了。

江：所以他把钱汇到英国去的？

黄：我只是说如果她的钱不够，让她寄信给杨振宁。于是我把信留给我爱人，说如果你有困难的话，把这封信寄给杨振宁。后来杨振宁寄了笔钱给她。最后真正寄钱的过程，她在处理的。

江：后来这些年有没有什么特别的事，他跟您商量什么特别的事？

黄：没有什么。杨振宁曾写过一篇文章，是为我 70 岁出的那本文集，我们所里的人请他写了篇文章，后来这篇文章在香港翻译成中文发表了，原来的是英文。比较突出的一件事情就是这件事情。还有，我 70 岁寿辰的时候，他特别到北京来参加了生日宴会。后来他过 70 岁生日，在南开大学，用车把我接去了。

江：我记得您那次在南开新讲堂，我那时候也在。那一年，1992 年，是我第一次来大陆，也是我第一次到大陆看到您。您是 1989 年庆祝 70 岁的？

黄：89 年，对。

江：几月？

黄：实际不是我真正的生日那天，而是凑杨振宁的日程。我是 9 月里头，后来推到第 2 年的 1 月。

江：他上一次就是他开刀前到北京来看您。

黄：对，好多年也没有，他以前就来过一次，70 年代，80 年左右。

江：哦，一直没有到你的家里来，都在外头见面。

黄：都在外头。

江：上次来比较近了，1997 年可能是 10 月里？

黄：去年还有一件事情，他来的时候给我带了两个 CD 盘，他就说我们一起唱小调，Mikado 里面有一个唱腔很有意思，那时候我老喜欢唱这个唱腔。

江：Mikado 是什么？

黄：Mikado 是日本天皇。是一个比较出名的歌剧，那个歌剧就叫 Mikado。

江：那个歌剧，在你们念书的时候很出名的。

黄：很早，它是在世纪之初，叫 *Gilbert and Sullivan*，是英国的一个比较滑稽的 Opera。还有一些不同特点，就是更显得幽默一点。原来在昆明的时候，我老哼哼这个调，杨振宁也跟着哼哼。所以这次他带了这个 CD 给我，一到我这儿发现我没有 CD 播放机，我这个人特别落后于形势。尽管国内那时候 CD 很红，可我还没有。结果他托人买了一个 CD 机送给我。

江：您后来有去过美国吗？

黄：美国去的次数很多。

江：您也到他那里去过?

黄：到他那去过，让我想一想。有一年，1984年，密苏里大学有个讲座正好请我去做 Snow Professor。当时杨振宁请我到他那里去了两星期，Stony Brook。第一次我到美国好像是1975年，参加一个固体物理代表团，当时他们安排得比较好，去了十几个单位，都是固体物理比较出色的学校和研究所的人。那次杨振宁因为知道我要去，他找了吴大猷先生，还有凌宁（我表弟），一起宴请了我们代表团。

江：在纽约?

黄：在纽约。当时凌宁不在纽约，吴大猷那个时候也不在纽约，在 Buffalo，杨振宁把他们都请到纽约，宴请了一下。那是我们第一次有个正式代表团到美国去。

黄：前一次是，在 Michigan 给吴大猷授予名誉博士学位。1992年5月。

在 Michigan 还组织了一个报告会，为了纪念 Randal。杨振宁也让他们邀请我去做了个报告。是杨振宁组织的。

江：吴大猷先生也在吗?

黄：吴大猷也在。

江：吴大猷跟布什一起吗? Honorary Degree?

黄：就是跟布什总统的那个典礼一起。

江：那次您去做了一个报告?

黄：嗯，在美国跟他见面好像主要是这几次，就是 Snow Professor 一次，我去代表团一次，还有就是 Michigan 这次。

江：1975 年、1984 年、1992 年。那么您跟李政道先生并不熟？

黄：不熟悉。在这儿的话，因为他搞了一个高科技中心，邀请我参加，每年都见几次面，个人关系倒没什么特别熟悉。我哥哥（黄宛）跟李政道关系非常密切，李政道每次来都跟他要见面的。

江：嗯。他是他的病人吗？

黄：不是。是因为在芝加哥大学的时候杨振宁他们关系也很密切，所以都在一起，都很熟。好像可能是李政道的爱人，可能是我哥给他们介绍的。

江：所以您跟杨振宁的交往从 1941 年到现在，57 年，快 60 年了。那么还有什么故事？这个事我知道很难的。我问了很多人，有的时候很熟的朋友不会太记得过去的事情。

黄：确实没什么惊天动地的事情。

江：有的时候是讲两个人碰到，很奇怪的，有的时候是要机缘。

黄：这个要碰，这种事吧，但也有事情忘不了。我们曾一起到阳宗海去旅行过。

江：到哪里去？

黄：昆明有一个湖，叫"阳宗海"，特别漂亮。我们当时去的时候，那个地方非常落后，没有什么旅游设施，就是一些小的破的旅馆，里面臭虫多的不得了。结果发现他不怕臭虫，他不怕。

附录：黄昆生平

1919 年 9 月 2 日生于北京，祖籍为浙江嘉兴。

1936 年夏从潞河中学毕业。

1941 年夏毕业于燕京大学物理系，获理学学士学位。

1941 年秋—1942 年夏任昆明国立西南联合大学物理系助教。

1942 年秋—1944 年夏就读于西南联合大学北大研究院，获理学硕士学位，导师是吴大猷。与杨振宁、张守廉三人号称西南联大"三剑客"。

1944 年考取第八届"庚子赔款"留英公费生。在"留待时间"(1944 年秋—1945 年夏) 任昆明凤凰山天文台助理研究员。

1945 年秋赴英国布里斯托尔大学物理系学习，1948 年初获得哲学博士学位，导师是诺贝尔奖获得者莫特爵士。期间，发表《稀固溶体的 X 光漫散射》论文，理论上预言了"黄散射"的存在；理论计算银中溶入金原子的稀固溶体的结合能和残余电阻率，为固体物理中著名的"Friedel 振荡"奠定基础。1947—1948 年，部分时间在英国爱丁堡大学玻恩教授研究组做访问研究。

1948—1951 年任英国利物浦大学理论物理系 ICI 博士后研究员，期间建立了离子晶体长波光学振动的唯象方程——"黄方程"，提出了声子极化激元的概念，并与李爱扶 (A. Rhys) 共同建立了固体中多声子跃迁理论，创建了这一分支学科领域。1947—1952 年，与玻恩教授合著《晶格动力学理论》(牛津出版社 1954 年出版)，此书是这一领域的奠基权威著作。

1951 年底回国。

1952 年与李爱扶结婚。

1951 年底—1977 年 8 月担任北京大学物理系教授，主要从事普通物理、固体物理和半导体物理的教学工作。期间从 1954 年起任北大物理系固体物理专门化教研室主任。1960—1966 年任北京大学物理系副系主任，主管科研工作。

1955 年被选聘为中国科学院数理学部学部委员。

1956 年"晶格动力学理论"获中国科学院自然科学三等奖（即第一届国家自然科学奖）。

1956 年参与制定国家 12 年科学技术发展规划，参与制定"发展计算技术、半导体技术、无线电电子学、自动学和远距离操纵技术的紧急措施方案"。

1956—1958 年任国内五校联合举办的首次半导体专门化主任。

1958 年与谢希德合作，完成《半导体物理学》专著，并由科学出版社出版。

1959 年，加入中国共产党。

1962 年与谢希德联合提出加强中国固体能谱基础研究的建议。从 1963 年起筹建北京大学能谱研究室和实验室。

1964 年被选为中华人民共和国第三届全国人民代表大会代表。

1966—1976 年"文革"期间遭受冲击。1969 年到"北大 200 号"参加劳动，后参加半导体器件生产。

1977—1983 年由邓小平直接提名，担任中国科学院半导体研究所所长。

1983 年以后任半导体所名誉所长。为全国半导体物理研究学术水准的提高和中科院半导体所科研工作的发展做出决定性的贡献。

1978 年当选为中国人民政治协商会议第五届全国委员会常务委员，以后分别连任第六届、第七届、第八届政协常委。

1979—1981 年重新研究多声子无辐射跃迁理论，澄清了国际上 30 年来围绕无辐射跃迁理论发展而出现的混乱，为静态耦合计算提供了理论上的依据。

1980 年被遴选为瑞典皇家科学院外籍院士。

20 世纪 80 年代初起在全国倡导半导体超晶格微结构研究。 1984 年 10 月至 12 月应美国斯诺基金会的邀请，作为该会第一个物理学教授去美国讲学。被美国圣母玛利亚大学授予"第二届理论物理弗雷曼奖"，被美国中部州立大学协会授予"卓越外国学者"称号。

1985 年被选为第三世界科学院院士。

1985 年起亲自从事半导体超晶格物理研究，在电子态和声子模等领域有所建树。1988 年与朱邦芬合作建立关于半导体超晶格声子模式的"黄－朱模型"，推动了相关领域的发展。

1985—1988 年被选为 IUPAP 半导体分会委员。

1987—1991 年任中国物理学会理事长。

1992 年担任第 21 届国际半导体物理会议程序委员会主席。

1993 年"半导体超晶格的电子态与声子模理论"获国家自然科学二等奖。

1995 年获何梁何利科学技术成就奖。

1996 年获陈嘉庚物理学奖。

2000 年担任第 17 届国际拉曼光谱学大会的国际顾问委员会主席。去香港出席第三届全球华人物理学大会，并作回忆吴大猷的报告。

2001 年香港科技大学授予荣誉博士学位。

2001 年与郑厚植、甘子钊、李志坚、王启明、陈良惠等院士联名向领导部门建议，国家应当组织充分的人力、财力和物力，发展中国的纳米电子科学与技术。

2002 年获中华人民共和国国家最高科学技术奖。

2003 年年初，在中国中央电视台首次举办的"感动中国 2002 年度人物"评选活动中，被观众和专家选为 10 位"感动中国 2002 年度人物"之一。

2005 年 7 月 6 日 16 时 18 分，因病逝世于北京。